DX時代のビジネスリーダー

経営人材育成講座

高野研一
Kenichi Takano

リーダー

創業者・起業家の発想法に学ぶ

経団連出版

まえがき

　ここ15年ほど、私は日本の大企業の経営人材育成にかかわる仕事をしてきたが、従来のリーダーシップ開発の理論がうまく当てはまらないケースがこの7〜8年で増えてきたように感じている。自社のビジョンを部下と共有し、彼らに権限を委譲して当事者意識を高め、育成やコーチングにも注力するといった、バランスの取れたリーダーシップを発揮する力があるにもかかわらず、現実の事業運営において悪戦苦闘する人が多くなっているのだ。

　その背景にはデジタル革命（DX）がある。従来型の、工業化時代に確立されたビジネスモデルが価値を生まなくなるにつれて、ステークホルダーとのベクトルが合わなくなってきた。そこでは、これまで理想とされてきた、成長期・安定期のリーダーシップが必ずしも効果をもたらさず、物言う株主の登場、社員エンゲージメントの低下や人材流出、主要な顧客やサプライヤーの離反などに直面し、苦戦を強いられるリーダーが増えているのだ。

*

　一方で、DXと呼ばれる革命期には新たな価値創出のチャンスもあふれている。従来のビジネスモデルが価値を生みにくくなり、多くのステークホルダーが方向感を喪失している今日、新たな価値を生むビジネスモデルを見出し、彼らのベクトルを合わせられるかが問われている。そこで必要になるのが価値の「目利き力」であり、創業期のリーダーシップであるといえよう。

　目利き力の重要性は、これまでのリーダーシップ論においても認識されてきた。しかし、目利き力とは何か、それをどう評価し、育成するのかといった問いに対して、明確な解を見出せていない。むしろ、「それは生まれながらのセンスのようなもので、育成できるものではない」として、この問いに向き合おうとしてこなかったように感じられる。

　私は若い頃に経営破綻に巻き込まれた経験がある。経営がうまく回ると多くの人が幸せになる。しかし、いったんそこに不具合が生じると、ステークホルダー間の利害は激しく対立し、多くの人が不幸になる。こうした経験を

した者から見ると、「経営能力とはセンスのようなもので、育成できるものではない」というスタンスは、どこか傍観者的に映る。いまこそ、この問いに解を見出すべき時がきているのではないだろうか。

*

そんなことを考えているときに脳裏をよぎったのが、1990年代前半頃に出会った多くの優れた創業者たちの姿である。当時、金融機関で株式投資の仕事をしていた私は、ベルリンの壁崩壊を機に経済がグローバル化に向けて動き始めたことから、先進国の企業が東南アジアに生産拠点を移したり、現地企業に製造委託するようになれば爆発的な価値が生まれると考え、東南アジアの株に投資することにした。しかし、東南アジアの株がまだ、海のものとも山のものともわからなかったため、投資に対する反対意見もあった。そこで、実際に東南アジアの企業を訪問してみると、小さな事業を大きく成長させてきた創業者たちは、その経験を通じて、事業のあらゆる側面を知り尽くしていることがわかってきた。価値の目利き力を体得していたのである。彼らが持つ能力こそが、革命期と呼ばれるいまの時代に求められているのだ。それは今日、国内外で活躍する経営者の多くが創業者であることからも裏づけられる。

また、目利き力は、価値創出に関する「仮説検証」を繰り返すことで習得可能な能力であることも、私自身が経営に携わる中で徐々にわかっていった。シリコンバレーからあれだけのイノベーションが湧き起こる理由はそこにある。すなわち、世界中から起業家が集まり、人生を懸けて仮説検証を行っている。ベンチャーキャピタルも仮説検証のためのお金を付けてくれる。街をあげて仮説検証の訓練をしているようなものだ。それが価値の目利き力を上達させ、イノベーションが湧き起こる地になっているのだ。

本書はDX時代の新たなリーダー像を描き出すとともに、目利き力とは何か、どうすれば習得できるのかを解明するものである。これによって目利き力の開発が可能であると考え、それに取り組む人が増えれば幸いである。

2023年4月

高野研一

目次

第3章

DX時代のリーダー像

第4章

リーダーの強さと弱さ

第5章

DX時代における企業と個人の能力開発

表紙カバーデザイン──斉藤重之

プロローグ
ある管理職のつぶやき
－大企業で育ったリーダーが世界を動かす時代は終わったのか

　いつの頃からか、DX（デジタルトランスフォーメーション）という言葉が新聞や雑誌をにぎわせるようになり、いまでは普段の職場の会議でも、自然に飛び交っている。DXという新たな時代の到来によって、アメリカではGAFA（グーグル、アップル、フェイスブック、アマゾンの頭文字）と呼ばれるプラットフォーマーが台頭してきた。2010年頃は20兆円ぐらいだったアップルの時価総額は、いまでは300兆円を超えている。DXによって爆発的な企業価値が生まれたということだ。

　そうしたGAFAのあとを追うように、世界では起業ブームが沸き起こり、ユニコーンと呼ばれる1000億円以上の価値を持つベンチャー企業が雨後のタケノコのように現われる時代になった。日本でも株の上場でキャピタルゲインを得て、一攫千金を掴むベンチャー起業家が出てきている。若手の中には「いつかは起業を」と考える人は少なくない。「自分も若かったら……」と思うことはあるものの、いまさらハイリスク・ハイリターンの世界に踏み込むのには正直いって躊躇する。

　その一方で、日本の大企業にかつてのような勢いがなくなった。一時期世界を席巻したソニー、パナソニック、日立、東芝、富士通、NEC、シャープ、三洋といったエレクトロニクス業界の大企業は、デジタル革命の到来によってさらに躍進していてもよかったはずなのだが、実際にはそうはならなかった。アップル、グーグル、サムスン、LGといった企業が台頭してきたことで、すっかり精彩を欠いてしまい、事業の撤退や売却が相次いだ。いまでも元気なのはソニーぐらいだろうか。

　こうした動きが、自動車業界にも波及していく気配が見受けられる。中国および欧州の政府は、EV（電気自動車）へのシフトを政策的に後押しして

おり、ガソリン車で強みを発揮してきた日本の自動車産業の覇権を揺るがしかねない。ガソリンエンジンが電池に取って代わられると、部品の数も一桁減り、ものづくりで差別化することがむずかしくなっていくという。これまでは圧倒的な強みを発揮してきた日本のカーメーカーも、EVの普及とともに、テスラや中国の企業などにいまのポジションを奪われる可能性があるのだ。エレクトロニクス業界で起こったことに対して、日本のカーメーカーだけは別とはいえない時代になってきている。さらに、自動運転車の時代になると、グーグルの子会社のウェイモ（Waymo）や、中国のバイドゥ（百度）などが先行しており、日本企業の存在感は希薄だ。次世代自動車が台頭していくにつれ、すそ野の広い自動車サプライヤー業界や工作機械業界、さまざまな材料メーカーまでが打撃を受けることになるのかもしれない。

こうなると、日本の大企業に就職して、終身雇用で定年まで働くという、従来は幸せを約束してくれたはずの人生プランが、必ずしもいいことではなくなっていく可能性がある。実際、「45歳定年制」という声が経済同友会から出てきたり、ジョブ型人事制度、早期退職制度といった、既得権を払拭するような人事施策が次々と導入されている。また、経営人材の育成と称して、リーダーの早期選抜が行われたり、ダイバーシティという掛け声のもとに女性管理職の登用が進む一方で、年功的な昇進昇格は期待できなくなりつつある。

組織の成長が止まり、年齢構成が逆ピラミッド型になったことで新陳代謝が進みにくくなり、同じ部署に長く滞留する人も多い。また、一度マネジャーに昇進しても、うまく役割に適応できずプレイヤーに戻る人も増えているため、かつて上司だった人を部下としてマネジメントしなければならないケースも生じている。年功序列の慣行が残る日本企業で年上の部下を持つと、さまざまな面で気を遣うことは多い。

若手社員をマネジメントすることも一筋縄ではいかなくなっている。彼らは自分たちが若かった頃とは違って、会社を辞めることへの抵抗感が希薄だ。そのためか、仕事の指示に素直に従わない人もいる。なぜ自分がその仕事をやらなければならないのか、納得しないと動かないのだ。みんなで話し合って決めたものでも、「そんなことやる必要ないんじゃないですか」とあとで

言い返してくることがある。そうした場面では、かつては飲みにいってじっくり説得したりしていたが、いまはそれすらもむずかしい。飲みにいこうと誘っても、若手がそれを歓迎しないのだ。

　かといって、頭ごなしに「いいから、やれ！」などと言おうものなら、パワハラ上司というレッテルを貼られかねない。いまは多面観察評価により、上司が部下から評価される時代だ。こうした環境の中で、部下の扱い方に悩む管理職も少なくない。そのような悩みに応えるためか、コーチング研修などの機会は増えたものの、どう見てもマネジメント経験などなさそうなコーチから説教じみた話を聞かされると、余計にストレスが溜まる。

　ただ、若手だけに文句を言うわけにもいかない。自身ですら、昨今の経営の先行き不透明感には、やりきれないものを感じているからだ。「DX」「第二の創業期」といった掛け声のもと、キーワードが飛び交うコンセプトチャートのような戦略を与えられ、急激な右肩上がりの数字を達成するよう求められる。しかも、それを部下にわかりやすく説明しなければならないのだ。部下は、「中身ないっすね」と平気で言ってくるが、管理職である自分がそれに同調するわけにもいかない。

　経営の先行きが不透明になる中で、さらに混乱を加速させるような社会的な動きも出てきている。たとえば、コーポレートガバナンスがそのひとつだ。この聞きなれない言葉が使われるようになった頃から、物言う株主に振り回される企業が増えてきた。また、SDGs（Sustainable Development Goals；持続可能な成長目標）が喧伝され、売上や利益の追求だけでなく、カーボンニュートラルのための施策まで考えさせられるようになってきた。さらに、以前は「グローバル化」に向けて邁進していたが、昨今は、ロシアのウクライナ侵攻や米中対立を契機に、グローバル化までが逆回転を始めており、これまで構築してきたサプライチェーンの見直しすら求められている。

　このように、ビジネスの環境が混迷を増す中で、勢いのいい企業を見ると、ファーストリテイリング、ニトリ、日本電産（現ニデック）、キーエンスなど、なぜかオーナー企業ばかりが目立つ。柳井正、似鳥昭雄、永守重信のほかにも、ソフトバンクグループの孫正義、楽天グループの三木谷浩史など、活躍しているのは創業者ばかりなのは、なぜだろうか。この傾向は日本だけでは

ない。海外においてもそうだ。グーグルのラリー・ペイジとセルゲイ・ブリン、フェイスブック（メタプラットフォームズ）のマーク・ザッカーバーグ、アマゾンのジェフ・ベゾス、テスラのイーロン・マスクなど、さまざまな毀誉褒貶はあるものの、世界をリードしているのは創業者ばかりといっても過言ではない。

　かつてはリーダーというと、二言目には「GE」という言葉が出てきた時代もあった。GEやP&Gのような大企業で育ったリーダーが、他の企業に転職して活躍していたのだ。当時は「GEのクロトンビル」が、リーダー育成の代名詞のようにいわれていた。そのGEも2015年頃から変調をきたし、いまではだれがCEOなのか気にする人もいなくなってしまった。もはや大企業で育ったリーダーが世界を動かす時代ではなくなってしまったのだろうか。

第1章
なぜ創業者ばかりが活躍するのか

1. 従来のリーダーシップ論の限界

■リーダーシップは機能していても組織風土が悪化するのはなぜか？

　筆者は、経営人材を育成する仕事に15年近く携わってきたが、その過程である大きな変化を実感している。あるいは「違和感」といったほうがいいのかもしれない。それは近年、日本の大企業では、バランスの取れたリーダーが増えてきているにもかかわらず、組織風土や社員のエンゲージメントは逆に悪化しているということだ。

　かつて日本企業には、鬼軍曹のような厳しいリーダーが大勢いた時代があった。リーダーシップ開発の理論によれば、こうした厳しいリーダーは、組織の風土を悪化させる傾向があることがわかっている。このため、リーダーシップ論やコーチング研修などでは、「傾聴」を強調し、部下の意見に耳を傾け、彼らの主体性を引き出すよう教えられてきた。そして、少し前までは、それが組織の風土や社員エンゲージメントの改善につながっていた。

　このため、近年は厳しい上司はすっかり鳴りを潜め、バランスの取れたリーダーが多くなってきている。いわゆる「いい人」が増えているのだ。そして、リーダーシップ開発の理論に従えば、日本企業の組織風土や社員エンゲージメントは良くなっていなければならないはずだ。しかし、実際にはその逆のことが起きている。組織風土調査の結果を見ると、2015年ぐらいから日本企業の組織風土は年を追うごとに悪化している。特に、戦略の妥当性、社員エンゲージメント（求められる以上の努力をしようという意欲）、会社に対する誇り、決められた業務分担を越えて仕事に取り組む姿勢、高い目標にチャ

レンジする風土などに関するスコアが低下しているのだ。これらはかつて日本企業の良さとしてあげられていた項目だ。それらが軒並み失われてきていることを意味する。ここから浮かび上がってくるのは、先が見えにくくなったことで、守りに入っている社員の姿だ。海外ではそうした傾向が認められないことから、そこには日本企業固有の問題があるに違いない。

　2015年頃というと、その前年にロシアのクリミア併合が起こり、グローバル化が逆回転を始めた時期と一致する。資源価格が急落し、新興国ブームが冷え込み、世界貿易の停滞が始まった。それ以前に歴史をさかのぼってみると、1989年にベルリンの壁が崩壊して以降、グローバル化によって世界経済は急速な追い風を受けた。そこで利益を享受したのは、東欧やアジアの低賃金の労働力を活用することで、ローコスト構造を獲得した製造業であったことはいうまでもない。また、新興国市場の成長は彼らに新たな売上ポテンシャルまでもたらした。ところがその追い風が、2015年頃から止まったのだ。

　この動きは、グローバル化一辺倒だった日本の製造業がデジタル化に向けて舵を切り直すきっかけになった。しかし、デジタル化において日本企業は完全に出遅れており、アメリカや中国の企業の後塵を拝している。かつてのものづくりの強みが、グローバル化の終焉によって価値を生みにくくなったことと、デジタル化という新たな時代において、価値創出の源泉が見えていないことが、日本企業の組織風土や社員エンゲージメントを悪化させているのではないだろうか。

■新たなリーダー像が求められている

　近年、経営者の多くから、「第二の創業期を迎えている」という言葉を聞く。今日の日本の大企業の多くは、かつて日本が工業化の波に乗っていった時代に生まれ、大成功を収めた経緯をたどっている。ソニーやパナソニックなどはその典型例だ。ソニーの創業者である井深大や、パナソニックの松下幸之助は、大量生産・大量物流・大量消費という、工業化の時代の原理を活かして爆発的な企業価値を生み出すことに成功した。

　しかし、いまや、工業化の時代のビジネスモデルは賞味期限切れとなり、もはや従来同様にビジネスを回しているだけでは価値が生まれなくなっている。毎年のようにカイゼン目標を切り上げても、それを上回る勢いで利益が

圧縮されていくという話をよく聞く。それが、ビジネスモデルの賞味期限が切れていることの表われなのだ。

　いま、あらためて第二の創業期を迎え、井深大や松下幸之助のような人物が現われることが待ち望まれる。しかし、ここで求められるのは、大量生産・大量物流・大量消費という工業化の原理ではなく、新たに始まったデジタル化の原理で価値を生み出すビジネスモデルだ。それを見出した「第二の創業者」が出てきてはじめて、日本企業が再度成長を続けていくことが可能になる。

　「第二の創業者」が出てきていないことが、組織風土や社員エンゲージメントの悪化をもたらしているともいえる。いくら、リーダーシップの教科書に書かれているようなバランスの取れたリーダーが揃っていても、賞味期限切れのビジネスモデルを回しているだけではじり貧になっていく。彼らは１を５に、５を10にスケールアップすることは得意とするが、０から１を生むことは必ずしも得意ではない。０から１を生み出すのは創業者の役割なのだ。いま、創業者ばかりが活躍している理由は、工業化というひとつの時代が終わり、デジタル化という新たな時代が始まったことに原因がある。そこでは新たな価値を生み出せる創業者が求められているのだ。

　創業者は、これまで求められてきたようなバランスの取れたリーダーではない。時には人前で部下を叱責し、自分の目線に合わない人材が会社を去っていくのを何とも思っていない。彼らのもとではなかなか後継者が育たないともいわれる。確かにそうした一面があるのは事実だろう。では、なぜ彼らは大きな価値を生み出すことができるのだろうか。そこには、従来のリーダーシップ論には書かれていないエッセンスがあるに違いない。そこに迫らなければ、いまの日本の閉塞感から脱却することはできないのではないだろうか。いま、新たなリーダー像が求められているといってもいいだろう。

■GEのリーダーの蹉跌

　そこで、ここでは創業期のリーダーと、成長期・安定期のリーダーの違いについて、もう少し掘り下げてみることにしたい。成長期・安定期のリーダーには、１を５に、５を10にスケールアップする役割が求められる。従来のリーダーシップ論が理想としてきたバランスの取れたリーダーは、こうし

た役割に向くと考えられる。つまり、確立されたビジネスモデルの中で、すでにいる人材や、既存の仕組みを動かして成果をあげる役割だ。分業体制の中で、自分よりも知識を持った各分野の専門家集団を使いこなすことが求められる。このため、頭ごなしに叱りつけるようなやり方は通用しない。相手の話を傾聴し、皆の主体性を引き出すようなマネジメントが求められるのだ。その代表例がGEのような大企業で鍛えられたリーダーたちであった。

　筆者もこれまで経営人材育成の仕事をする中で、GE出身のリーダーがさまざまな企業に転職し、そこで活躍している姿を数多く見てきた。その一方で、失敗するケースも少なくない。もちろん、行った先の企業との相性などもあるわけで、GE出身だからといって、皆が成功するわけではない。しかし、うまくいかなかったケースを見ているうちに、ある傾向があることに気づいた。それは、行った先の企業に、マネジメントのための仕組みが欠けていると、GE出身のリーダーがうまく活躍できないケースが多いのだ。

　GEではマネジメントの仕組みが確立されている。企業監査専門のスタッフ、リーダーシップ開発のためのクロトンビル研修所、M&Aの際のデューデリジェンス（合併監査）やPMI（Post-Merger Integration；合併後の組織統合）の支援部隊、シックスシグマなどの品質管理の仕組み、サプライチェーン・マネジメント、セッションCと呼ばれる人材マネジメントの仕組みなどだ。コングロマリットであるGEの本社はポートフォリオ経営に徹することになる。そのため、多種多様な事業部門の管理ならびに底上げのために、こうしたマネジメントの仕組みが何重にも確立されてきた。

　GE出身のリーダーは、こうした仕組みを駆使して成果をあげることに熟達している。このため、同じような仕組みが確立された大企業で一事業部門をマネジメントするような場面では圧倒的な強さを発揮する。ところが、オーナー企業によく見られるような、マネジメントの仕組みが十分に確立されていない会社だと、とたんに弱さを露呈することがあった。GEのような仕組みが存在していないことに気づかないまま、それがあることを前提とした行動を取ってしまい、落とし穴にはまってしまうのだ。

■大企業のリーダーと創業者の違い
　こうした傾向は、なにもGEだけの話ではない。大企業で育ったリーダー

には、多かれ少なかれ、同様の傾向が見られる。顧客も社員も株主も、すでに存在しているところからマネジメントを始めることができるのだ。創業者のように、自ら顧客を開拓し、資金を集めて回り、工場で汗だくになってラインを立ち上げる必要などない。会社によってはマネジメントの仕組みまでもが確立されている。企業を買収したいときには、専門家チームが企業価値の評価からデューデリジェンス、PMIまでをやってくれる。買収した企業に自ら乗り込んでいって、整理整頓の仕方から教えるといった、創業者がよくやるようなことまでしなくても済むのだ。大企業のリーダーは恵まれているといってもいいだろう。

　そのような大企業のリーダーの最大の弱みは、何もない中から新たな価値を生むビジネスモデルをつくり出した経験がないことだ。すでに確立された大きな事業部門に配属され、そこで営業、設計、製造などのうちのひとつの機能でキャリアを形成していくので、自分が配属された機能に関する専門性は高いが、それ以外の機能については細かいことは知らない。このため、すべての機能を視野に入れて、新たな事業価値の創出を考えるための知見が欠けているのだ。

　これに対して、創業者は小さな事業を大きく成長させた経験を持つ。自分で販売から設計から製造から経理までをやったことがあり、この機能横断的な経験が、実は0から1を生むために重要な意味を持つのだ。それによって、「製品設計や製造プロセスのどこを変えたらコスト構造にどう跳ね返るのか、それによってどの程度のコスト優位性を獲得し、どのような顧客に対して価値を提供できるのか、そこからどのぐらいの売上につながるのか」といったことを瞬時にシミュレーションできるようになるからだ。

　この機能横断的なシミュレーション能力こそが、価値の目利き力なのだ。本書の中でおいおい説明していくが、0から1を生むためには、何をすればどれだけの価値につながるのか、つながらないのかを目利きする力が必要になる。創業者は自らの機能横断的な経験に基づき、目利きに必要となるものの見方を獲得してきている。いまのような時代の転換期において、創業者だけが活躍している理由のひとつがここにある。多くの人が「目利き力」の重要性を指摘するが、目利き力とは何か、それをどう評価するのか、それは習

得可能なのかといった問いに対して、これまでのリーダーシップ論は明確な解を出せていない。本書ではそこに解明の光を当ててみたい。

■創業者たちに共通する特徴

　筆者がこうした着想を持つに至った背景には、過去のファンドマネジャーとしての経験がある。ファンドマネジャーとは預かったお金を株式などに投資する仕事だ。1990年代の、ベルリンの壁崩壊後、経済のグローバル化が始まろうという時代背景から、筆者は東南アジアの株に投資しようと考えた。先進国の企業が東南アジアの企業に生産を委託したり、自ら工場を建設したりする動きが広がれば、そこから爆発的な価値が生まれると感じたからだ。

　ファンドマネジャーとは、さまざまな企業を訪問して経営者と会い、彼らの話に耳を傾け、その会社に投資するかしないかを決める仕事だ。シンガポール、香港、タイ、マレーシアなどの企業を訪問し、株主の立場から、多くの経営者を見る機会を得るとともに、経営者を見比べる中で、ひとつの重要な事実に気づいた。それは、優れた経営者には、ある種の共通した「ものの見方」が備わっているということだ。そのひとつが、先ほど触れた機能横断的シミュレーション能力＝価値の目利き力だ。

　優れた経営者かどうかは、短い面談時間の中でも明らかに判別できた。というのは、彼らはきわめて具体的かつ定量的な話をする。たとえば、「この市場セグメントにはこれだけの成長性があり、このぐらいの売上ポテンシャルを見込んでいる。それを刈り取るためにはバリューチェーンをこう変える必要があり、そのために、いまこんな投資をしている。その結果、コスト構造はこうなり、このぐらいの利益が見込める」といった感じのことを、質問に応じてその場でアドリブで話せるのだ。当初、私にとってこれは衝撃的だった。しかし、優れた経営者には国や人種にかかわらず、同様の傾向があることが次第に明らかになっていった。

　当時、日本企業の間ではCI（コーポレート・アイデンティティ）が流行り、企業イメージやビジョンを伝えることが重視されていた。そうしたこともあってか、日本の経営者にはコンセプチュアルな話をする人が多かった。それに対して、投資家というのはその会社が生み出す企業価値を推計するのが仕事であり、イメージやビジョンのような抽象的な話を聞いただけでは何の

役にも立たないことが多い。もっと解像度の高い、具体的で定量的な話を求めているのだ。

　筆者が出会った東南アジアの優れた経営者たちにそれができたのは、彼らはいずれも創業者であり、小さな事業を大きくした経験を持っていたからだ。そのため、事業のあらゆる面を知り尽くしていた。日本から飛行機に乗ってやってきた筆者に、リップサービスとしてさまざまな情報を提供してくれているようにも見えた。大企業で機能縦割りのキャリアパスを歩んできた人の場合、なかなかこうはいかない。

2. 新たなリーダー像のスケッチ

■井深大（ソニー創業者）に学ぶ

　これまでのリーダーシップ論が手本にしてきたのは、大企業のリーダーだった。なぜなら、多くの研究者がリーダーシップ開発のための調査の相手に選んできたのが、GEのような大企業だったからだ。工業化による成長が続いていた時代には、「規模の経済性」という原理を活かし、大量生産・大量物流・大量消費のビジネスモデルを確立して急成長した多くの大企業にとって、大きな組織をマネジメントできるリーダーの育成が、重要な経営課題であった。そして、そこに多額の教育投資が行われた。

　しかし、工業化の時代が終わり、新たにデジタル化の時代が始まると、大きな組織をマネジメントすることよりも、新たな価値創出の原理に基づきビジネスモデルを生み出すことが求められるようになる。そうした環境の中で活躍できる創業者は、どのようなものの見方や行動パターンを持っているのだろうか。ここでは、そうした新たなリーダー像をラフにスケッチしてみたい。

　優れた創業者は、先にあげた機能横断的シミュレーション能力＝価値の目利き力を持つことによって、ものの考え方や行動パターンが大企業のリーダーとは大きく違ったものになっている。それを描写するために、ソニーの創業者である井深大を事例として取り上げ、その考え方や行動を明らかにしたい。井深は、筆者がこれまでに出会った多くの優れた創業者たちに共通す

る行動パターンを数多く兼ね備えている。それに加え、井深を知る人たちの多くが、「もし井深さんがいまいたら何をやるだろうか、聞いてみたい」と一様に語っているように、第二の創業期といわれる時代に待ち望まれる資質を持った人物といえるからだ。

　井深は戦前に日本測定器株式会社を自ら立ち上げ、戦争中に軍部の技術開発にかかわる仕事を引き受けている。そのときに、当時海軍の技術中尉であった盟友の盛田昭夫と出会い、戦争が終わると盛田らとともに東京通信工業を創業し、それが後のソニーに発展していった。このいきさつを記した「東京通信工業株式会社設立趣意書」は多くの人の知るところだ。

■価値の源泉を発見する動体視力

　ここで、優れた創業者の特徴としてまず指摘したいのが、「価値」に対する優れた嗅覚を持っていることだ。新たな価値創出につながるものを感覚的に捉え、そこに意識を集中する。逆にいうと、価値につながらないものには無駄な時間を割かない。井深にもそうした特徴が色濃く見られる。当時、井深は３つの大きな「価値の源泉」に着目している。

　一つ目は軍事技術の民間への転用である。井深は盛田とともに軍部の技術開発にかかわる中で、軍が戦時中に開発してきた技術の中には、民間に転用してビジネスに活用できるものが数多くあることに気づいていた。この点は、シリコンバレーやイスラエルがベンチャー企業を多数輩出してきた背景に、アメリカおよびイスラエルの軍の研究活動が存在しているのと同様である（後述）。敗戦直後の日本では、軍を悪とする見方が大多数を占めていたのに対し、井深は軍の残した技術をポジティブに見ていたのである。

　二つ目は、機械技術と電気技術の交点に価値の源泉を見出していたことだ。井深によれば、「当時、機械屋は何でも機械的に問題を解決しようとし、電気屋は何でも電気的に問題を解決しようとしていた」という。しかし、井深はその交点にこそ、創造的な問題解決を可能にする価値の源泉があると見たのだ。これは、その後確立されていくことになる「エレクトロニクス」という新たな事業領域を、この時点で予見していたことを意味する。そこから、テープレコーダー、トランジスタラジオ、トリニトロン・カラーテレビ、ウォークマンなどの画期的な商品が生み出されていった。

三つ目は、日本の復興が爆発的なビジネスチャンスをもたらすことに着目していたことだ。敗戦直後の混乱のさなか、多くの人々がきょう一日を生きていくことに目を奪われていたのと対照的に、井深は日本が復興する日を見据え、事業の立上げに取り組んでいた。しかも、井深たちが生み出した商品は、当時の日本人には必要ないもの、買いたくても高くて買えないような、最先端の技術を搭載した商品であった。しかし、井深はいずれ日本が復興し、それらを必要とする時代がくると考えていたのだ。そのために、盟友の盛田が家族を連れてアメリカに移住し、当時最先端の商品を買える購買力のあった唯一の国である同国での市場開拓にまで取り組んでいる。その後、井深たちはアメリカ市場を制覇し、次にヨーロッパや日本が復興してきたところで、それぞれの市場を制覇することに成功したのである。

　このようなことから、井深には価値に対する優れた嗅覚があったことがわかる。これは、優れた球技の選手には、高い動体視力があるのとよく似ている。大きな価値創出につながるものを感覚的に捉える力があるのだ。そして、その背後には機能横断的なシミュレーション能力＝価値の目利き力があったといえる。

■社会に価値をもたらそうとする高い志

　優れた創業者の特徴としてあげられる第2の点は、大きな価値を生み出すことを通じて、広く社会全体に貢献しようとする高い志を持っていることだ。井深の場合は、「日本の文化向上に貢献すること」「世界の人々のライフスタイルを変えること」をビジョンとして掲げた。そして、部屋を暗くしなくても鮮明に画像が見えるトリニトロン・カラーテレビを開発し、明るく楽しい食卓やリビングを実現したり、ウォークマンで歩きながら音楽を楽しむという新たなライフスタイルを実現した。こうした、社会的貢献が高く評価され、井深は企業人でありながら文化勲章を授与されるに至っている。

　また、井深たちがトランジスタラジオを上市して1年半か2年ほどの間に、2番手以降の企業が次々参入し、トランジスタラジオの安売り競争が始まったことがあった。井深はそうした他社の後追い商法に苦言を呈しながらも、一方で日本が世界最大のトランジスタ生産国になったことを喜び、「日本の産業興隆に貢献」できたことの意義を認めている。若い頃から「国家的に意

味のあることをやろう」という心意気を持って事業創造に取り組んできたからこそ、そうしたものの見方ができたのだろう。

　優れた創業者は、優れた動体視力を持ち、価値の源泉をいち早く発見するとともに、そこから大きな価値を生み出し社会全体に貢献しようという高い志を持っていることがわかる。このような志があるからこそ、多くのステークホルダーの心を惹きつけることができるのだ。

■常識にとらわれない自由なものの見方

　さらに、優れた創業者の第3の特徴としてあげられるのが、常識にとらわれない自由なものの見方である。ここまでの話からも、井深が普通の人とは少し違ったところにフォーカスを当てて世界を見ていたことがわかる。普通の人がネガティブに捉えていた軍の活動をポジティブに見てみる。普通の人が自分の得意分野（機械屋にとっての機械、電気屋にとっての電気）で勝負しようとするのに対して、それとは少しずらしたところ（機械と電気の交点）にフォーカスを当てる。普通の人が日々の暮らしに意識を奪われる中で、遠い将来の日本の復興に目を向ける。普通の人が事情のよくわかった国内で事業を始めたがるのに対して、真っ先にアメリカに出ていく。

　井深が「大企業の進み得ざる分野に出ていって、一番に商品を上市する」ことを重視したこともそのひとつだ。大企業の進み得ざる分野とは、要するにハイリスク・ハイリターンの事業領域のことだ。多くの人はリスクを避けようとする。しかし、だからこそ、そこでは競争が少なく、一番に商品を上市できれば競合他社のいない市場が生まれる。そこからは爆発的な価値を刈り取ることができるのだ。普通の人が「避けるべき」と考えるリスクを、井深は「取るに値する」と見ていたことがわかる。

　こうした傾向は、筆者が出会ってきた多くの優れた創業者にも共通している。普通の人とはちょっと違ったところにフォーカスを当てるのだ。だからこそ価値につながる。価値の必要条件が希少性だからだ。皆と同じところを見ていたのでは希少性にはつながらず、その結果、価値も生まれない。優れた創業者は、ものの見方が柔軟で、常識や先入観にとらわれない。そのため、普通の人が見逃しているところに、新たな価値の源泉を発見できるのだ。

■価値を生む新たな「常識」をつくり出す

　こうした自由なものの見方は、その後ソニーが事業を拡大していく過程で遺憾なく発揮される。たとえば、戦後間もない1950年には、もうテープレコーダーを発売しているのだが、先端技術を搭載したために、いまの価格で100万円を超える値段になった。そこで、井深たちはこの高価な商品の用途を発見するところから着手しなければならなかった。そして、井深自らもテープレコーダーをかついで市場を探し回り、裁判所の記録用という用途を発見する。その後、小学校の視聴覚教育用にもターゲットを広げ大成功を収めることとなる。

　また、トランジスタラジオを上市したときには、「大きなラジオでさえ高くて国内ではなかなか売れないのに、これを小さくしたらもっと金を取りにくくなる」という理由で、周囲からは大反対される。「大きいことはいいことだ」という常識がまだ世の中に根強くあった時代だ。しかし、井深は「ポケットに入るラジオ」という新しいものの見方を打ち出した。それによって、「家庭に一台のラジオ」から「ひとり一台のラジオ」という新たな常識が生まれ、大ヒット商品に育っていった。

　ウォークマンも同様に、「録音機能のないテープレコーダーが売れるのか」という周囲の反対を盛田とともに押切り、「歩きながら音楽を聴く」という新たな生活スタイルを生み出した。

　筆者が心酔しているストーリーに、出井伸之が社長だった時代の話がある。出井が「ソニーのパラダイムシフト」というテーマでマネジャークラスを集めた研究会を企画したときのこと。井深はそのテーマ設定がものすごく気に入って、朝から楽しみに聞きにきたという。ところが、大企業のマネジャーが集まってパラダイムシフトの話をしても、現状の改善程度の内容にしかならなかったようで、出井はその後井深に呼び出されお目玉をくらうことになった。「お前はパラダイムシフトの意味がわかっているのか。言ってみろ」。

　ここまでは他の大企業でもよくある話なのだが、ここから先が井深の真骨頂だ。井深はソニーの社内報の中で、「モノと心が表裏一体であるという自然の姿を考慮に入れることが近代科学のパラダイムを打ち破る」と述べている。また、「21世紀は心の時代になる」とも言っている。これからは近代科

学の知見は、必要条件ではあっても、十分条件ではなくなっていく。人の心を見抜く力こそが、新たな価値創出の強みになっていくということだ。これは、スティーブ・ジョブズが成し遂げたことを見てきたわれわれにとっては、むしろ自然なことのように感じられる。実際、いま高く評価されている企業を見ると、アップル、テスラ、ディズニー、スターバックス、ナイキ、BMWなど、人の心を知る企業が多数並ぶ。井深がすごいのは、それを20世紀の段階で予見していたことだ。しかも、井深自らが切り拓き、ソニーの強みとしてきたエレクトロニクスという近代科学のパラダイムを打ち破ることを考えていたのだ。

■自社の「ものづくり哲学」に忠実な大企業のリーダー

　筆者は、多くの日本の大企業がいまも「ものづくり哲学」に固執しているのを見ると、創業者と大企業のリーダーの違いを感じざるをえない。大企業のリーダーが代々受け継いできた自社の哲学に忠実なのに対して、創業者は自らが生み出した哲学すらも、時代の変化に合わせて打ち破ることをいとわない。それだけ自由なものの見方を持っているのだ。

　それでは、大企業のリーダーは、なぜ創業者ほど自由なものの見方ができないのだろうか。それは、「利益を生み出すビジネスモデルがすでに存在する」という前提のうえにすべてが成り立っているからだ。既存のビジネスモデルが利益を生んでいる間は、それを効率的に回すことに意識を集中するほうが生産的だ。そのため、忠実にそれを実行する者が評価され、経営者として選ばれていく。その結果、それ以外のやり方で新たな価値を生むなどといった「非効率なこと」は最初から視界の外に切り捨てられてしまう。ものの見方が既存のビジネスモデルに閉ざされ、発想の自由度を欠くようになり、動体視力を失っていくのだ。そして、新たなビジネスチャンスが目の前に現われても、それに気づくことができなくなる。

　既存のビジネスモデルを回していても、それは新たな価値を生み出しているわけではなく、創業者が生み出した価値の中から、果実を刈り取っているにすぎない。このため、工業化の時代が終わり、従来のビジネスモデルが利益を生まなくなると、とたんに物事がうまく回らなくなる。

　これに対して、創業者は顧客も株主も社員も、だれもいないところからス

タートしなければならない。何が新たな価値創出につながるのかを発見でき
なければ、顧客も株主も社員も寄ってきてはくれないのだ。そこで、世の中
の動きに広く視野を広げ、価値につながるものを捉えようとする。大企業の
リーダーが「非効率だ」と言って切り捨ててしまうところにも目を向ける。
井深が「大企業の進み得ざる分野」に着目したのはその一例だ。そうした訓
練を積む中で、動体視力が高まり、価値につながるものを感覚的に捉えられ
るようになっていく。普通の人が軽視するところ、しかしそこから価値が生
まれるポテンシャルのあるところにうまくフォーカスを当てられるようにな
るのだ。

■松下幸之助（パナソニック創業者）の慧眼

　ここで、もう一人、日本を代表する創業者である松下幸之助を取り上げた
い。松下はパナソニックグループの創業者であり、自由なものの見方をだれ
よりも重視し、高い動体視力を持っていた人物である。筆者は松下の晩年
の出来事について、現在レノバの名誉会長である千本倖生から話を聞いたこ
とがある。千本はもともとは日本電信電話公社（現NTT）に入社し、通信
自由化の流れに乗って、京セラの稲盛和夫らとともに第二電電（現KDDI）
を立ち上げた功労者だ。その後イー・アクセス（現在のワイモバイル）を創
業し、現在は再生可能エネルギーの会社であるレノバの名誉会長を務めてい
る。

　千本は、「自分はパナソニック関連以外で、最後に松下幸之助氏に会った
人物ではないか」と言う。松下は1989年４月に他界しているが、当時第二電
電にいた千本は、その数ヵ月前に松下から呼ばれたそうだ。その理由は、通
信自由化によって日本の産業の未来がどう変わっていくのかについて、千本
の話を聞きたかったからだという。このとき、松下は自由に声が出せない状
態にあり、松下のささやいたことを通訳してくれる女性が横に付いていたそ
うだ。そうした状態にもかかわらず、千本の話を聞きながら、松下は目をギ
ラギラ輝かせていたという。

　1989年といえば、インターネットが一般に普及を始める５年ほど前だ。こ
のときに、松下が何を考えていたのかはわからない。しかし、いくつかのキー
ワードを頭に置くことで、さまざまに妄想を広げることはできる。たとえば、

松下が提唱した「水道哲学」がある。水道哲学とは、幅広い品揃えの商品を、水道の蛇口をひねる感覚でいつでも手に入る状態にしておくことで、人々が依存する生活のためのインフラになれることを説く思想だ。

　この水道哲学がもっとも価値を生んだのが、パナソニックの電材事業だろう。電材事業とは、ビルや住宅の中に電気を通すための配線関連の機材や照明設備を供給するビジネスで、日本ではガリバー的な存在である。ビルや住宅の形状に合わせて電気系統を設置するためには、多種多様な製品の品揃えが必要とされ、しかもそれがすぐに手に入るところになければ、工事が止まってしまう。電気系統の箇所でいったん工事が止まると、他の関連領域の工事にも支障が出て、多大な迷惑と追加費用が生じることになる。水道哲学はそれを未然に防止する仕組みであり、電気工事士の頭の中にはパナソニックのカタログが記憶されており、品番まで瞬時に出てくるという。このように、全国の工事現場で働く人たちにとって、なくてはならない社会的インフラになっているのだ。

　これはいまでいうプラットフォーム・ビジネスを先取りした思想ともいえる。すぐに手に入る品揃えが広がるほど、便利なプラットフォームになり、そこにユーザーが集まる。ユーザーが集まると、市場としての魅力が高まるため、サプライヤーが集まりさらに品揃えが広がる。こうして雪だるまが転がるように、ユーザーとサプライヤーが累積的に集まり、なくてはならない社会インフラになっていく。この雪だるま効果のことを「ネットワーク効果」という。工業化の時代においては「規模の経済性」（スケールメリット）が価値を生む第一原理であったのに対し、デジタル化の時代においては、このネットワーク効果が価値を生む第一原理になる。

　インターネットの時代になって、水道哲学を最初に大きな価値に変えたのが、アマゾン・ドット・コムではないか。アマゾンは、生活で必要になる多種多様な商品を一日で入手可能にするインフラを確立し、いまでは、多くの人にとってなくてはならない存在になっている。ジェフ・ベゾスがアマゾンを創業したのは1994年であり、その５年前に、松下は通信自由化後の世界を見据えて、目をギラギラ輝かせていたことになる。松下がアマゾンのようなビジネスモデルをイメージしていたとしても、不思議ではない。

IBMも1995年頃には、通信コストの低下によって、いまでいう「クラウド」の時代がくることを予見するとともに、家電がスマート化し、遠隔地にあるデータセンターとつながって高度な機能を発揮する時代を予想している。たとえば、エアコンや冷蔵庫など、止まると生活に支障をきたす家電は、部品が壊れそうな段階でセンサーがそれをキャッチし、遠隔地にあるデータセンターに伝え、サービススタッフが修理にきてくれれば、「生活を止めない家電」というコンセプトを実現できる。筆者には、松下がスマート家電やスマートハウス、あるいはスマートシティのようなイメージを描いていたとしても、ありえない話とは思えない。

3. 優れた創業者の「ものの見方」を習得する

■価値の源泉を捉える動体視力は習得できる

　井深大の「21世紀は心の時代になる」にしても、松下幸之助の「水道哲学」にしても、アップルやアマゾンを先取りするような着想を持っていたことには、痺れるような感覚を覚える。そうした価値の源泉を捉える動体視力や、それを可能にした自由なものの見方こそが、これまでのリーダーシップ論に欠けていたものではないかと感じる。もちろん、従来のリーダーシップ論の中でも、「先見性」などが重要な資質としてあげられてはいる。しかし、それを真剣に評価したり、育成することは行われてこなかった。多くの人は、そうしたものを生まれながらのセンスによるものと捉え、努力して身につくものではないと最初からあきらめてしまっているからだ。しかし、本当にそうなのだろうか。

　優れた創業者が持つ動体視力の奥底には、価値の目利き力＝機能横断的シミュレーション能力があり、それは小さな事業を大きく成長させた経験を通じて獲得されている。つまり、小さな事業を大きく成長させる過程で、営業・設計・製造・経理といった機能横断的な経験を積むことにより、だれでも創業者の目利き力を習得できるのではないだろうか。近年、ソニーや日立のように、大企業のトップに、子会社のトップに就いていた人を呼び戻して登用するケースが増えている。かつては子会社のトップに就くということは、親

会社で社長になるチャンスがなくなったことを意味していたが、それが覆されつつあるのだ。これは、大企業で機能縦割りのキャリアを歩むよりも、小さな企業で事業全体を考えるほうが、いまの時代に合った経営能力が身につくことの表われではないだろうか。

　また、事業を成長させる経験を直接積めなかったとしても、創業者が持つものの見方をマスターすることで、動体視力を少しでも鍛えることはできるのではないだろうか。経営能力とは、ビジネススクールで教える経営理論を覚えれば発揮できるようなものではなく、スポーツや芸事をマスターするのに近い能力ではないかと感じている。すなわち、日々練習を繰り返すことによって、ある種のものの見方や感覚を体得することが重要なのだ。

　スポーツをイメージすればわかるように、どんな人でも、練習をすれば、しないよりは上達する。もちろん、運動神経のいい人とそうでない人とでは、上達のスピードに差は生じる。しかし、どんなに運動神経が良くても、練習をしなければ上達することはない。経営においても似たようなところがあり、優れた創業者のものの見方は訓練によってある程度のところまでは習得可能であり、それがマスターできれば、どんな人でも価値の目利き力を高めることは可能と考える。逆にいえば、多くの人はそうした練習をしていないだけなのだ。

■パラダイムシフトと「予測不能な動き」の予測

　人の認識や行動を暗黙のうちに規定しているものの見方のことを「パラダイム」という。パラダイムのわかりやすい例に、「天動説」と「地動説」がある。われわれは毎日、太陽が東の空から現われ、昼には南の空に移動し、夕方には西に沈むのを目にしている。しかし、それを「太陽が動いている」とは考えず、「地球が自転している」と捉える。それは、「地動説」というものの見方がわれわれの体にすり込まれているからだ。われわれは目に映っている世界の姿をそのまま理解しているわけではなく、頭の中にあるパラダイムに沿って解釈しているのだ。

　このため、ものの見方が変わると、同じはずの世界が違って見える。天動説を取る人にとっては、惑星は不規則な動きをしているようにしか見えない。「惑」という言葉にそれが端的に表われている。しかし、地動説を取る人にとっ

ては、惑星が地球とともに太陽の周りを回っており、地球と惑星の相対的な位置関係が変わることで、不規則な動きをしているように見えていることが理解できる。このため、天動説では惑星の動きを予測することはできないが、地動説ではそれができることになる。

　天文学の歴史を眺めてみると、コペルニクス的転回のあとも、人間のものの見方が大きく変わってきたことがわかる。17世紀にはガリレオ・ガリレイが、「天の川」が星の集まりであることを発見する。18世紀になると、イギリスのウィリアム・ハーシェルが、天の川が、銀河系の円盤を内側から見たものであるという新たな見方を提唱する。そして、20世紀になるとオランダのファン・デ・フルストが、太陽系は銀河系の周辺部にあり、毎秒220kmで移動していることを発見する。つまり、太陽が宇宙の中心にあるという「地動説」もまた覆されたのである。それと並行して、アメリカのエドウィン・ハッブルらが、あらゆる銀河が地球から遠ざかっていることを発見し、それはジョージ・ガモフによりビッグバン仮説へとつながっていった。

　ここから、われわれは世界を中立的・客観的に見ているわけではないということがわかる。われわれのものの見方は時代の流れとともに変わってきていて、人によっても異なる。見方次第で予測能力も変わっていく。このため、「デジタル革命」といわれる時代の転換期においては、大企業で育ってきた多くの人にとって予測不能な世の中の動きが、井深大やスティーブ・ジョブズのような創業者であれば予測できるといったことが起きてくるのだ。

■リベラルアーツとの違い

　自由なものの見方については、「リベラルアーツとは何が違うのか」と質問されることも多い。リベラルアーツとは、「人間を自由にする学問」といった意味で、論理学、幾何学、天文学、音楽など、ギリシア・ローマ時代の「自由7科」に起源を持つ。スティーブ・ジョブズが大学でリベラルアーツを学んでいたことで、一気に関心が高まり、日本でも一時流行したことがある。論理学、幾何学、天文学、音楽などのいずれを取り上げても、過去に歴史をさかのぼっていくと、そこには「コペルニクス的転回」に代表されるような、画期的なものの見方の変化が起こってきたことがわかる。こうした歴史を学ぶことで、発想が柔軟になるのは間違いないだろう。

ただ、優れた創業者がマスターしているものの見方は、それとは少し異なるように筆者は感じている。実際、リベラルアーツが流行ってから久しく経つが、それによって日本で新たな事業価値が生まれたかというと、そうでもない。優れた創業者は、むやみに発想を広げるのではなく、新たな価値の創出につながるところにうまくフォーカスを合わせているのだ。このため、価値につながらない活動に無駄な時間を使うことがない。だれもが考えそうなことは最初から除外し、普通の人が軽視していることや、最初から無理だと思ってあきらめていることで、それが大きな価値につながる可能性があるところに着目する。

　もちろん、「優れた創業者のものの見方を学べば必ず成功する」わけではない。そんな魔法の杖があるなら、だれも苦労しない。ただ、彼らのものの見方には、0から1を生み出すことにつながる「理」があるように思える。それを習得することで、価値の目利き力や動体視力を少しでも高めることはできると考える。次の章では、優れた創業者がどこにフォーカスを当てているのか、価値の目利きにつながるものの見方とは何なのか、そこに解明のメスを入れていきたい。

　第二の創業期といわれる時代の転換点において、いま多くのリーダーが、プロローグで描写したようなジレンマに直面している。しかし、ピンチの裏にチャンスありといわれるように、これは見方を変えると、大きなチャンスなのかもしれない。ソニーの井深大や、パナソニックの松下幸之助が、日本で工業化の波が盛り上がろうとしていた時期に、運よくエンジニアとして脂の乗った状態で遭遇したのと同じような局面が、いま目の前に訪れていると見ることもできる。近い将来、未来の井深大や松下幸之助が出てきても、まったく不思議ではないのだ。われわれはそうした恵まれた時代に生きている。こんなものの見方に立つことが、おそらくはすべてのスタートラインになるのだろう。

優れた創業者は
どこにフォーカスを当てているのか

1. 社会にどのような価値をもたらすか

1-1 ステークホルダーへのフォーカス

■経営者の役割

　優れた創業者がフォーカスを当てるものとして、まず取り上げたいのが「ステークホルダー」だ。ステークホルダーとは、顧客、サプライヤー、社員、株主、銀行、行政、社会一般など、経営を取り巻く利害関係者のことをいう。優れた創業者がステークホルダーにフォーカスを当てるのは、価値を創出するうえで必要となる経営資源を彼らが提供してくれるからだ。顧客は、製品やサービスに対する対価という形で事業活動に必要な資金を提供してくれる。サプライヤーは生産活動に必要となる原材料や部材を、社員は知恵や努力を、株主や銀行は事業拡大や設備投資のための資本を経営者にもたらす。行政や社会一般は、事業活動を行うための環境を用意してくれる。

　経営者の仕事とは、ステークホルダーから経営資源を預かり、それを使って価値を生み出し、それをステークホルダーに還元することだ。そのため、大きな価値を生み出せる経営者のもとには、多くのステークホルダーが集まってくる。そして、より多くの経営資源を動員し、より大きな価値を生み出すことが可能になる。つまり好循環が働くのだ。逆に、価値を生み出せない経営者からはステークホルダーが離れていき、いざ何かをやろうとしても、お金が集まらなかったり、だれも本気でその人のためには動いてくれなくなる。こうなると、経営者としては何もできない。経営者はステークホルダー

から信任されてはじめて、経営を行うことができるのだ。

　大企業のリーダーは、すでにステークホルダーがいるところからスタートするので、頭では理解していても、ステークホルダーの重要性を肌では感じていないことが多い。このため、経営危機に陥り資金繰りに窮したり、物言う株主が突如現われたときなどにはじめて、ステークホルダーの重要性を痛感することになる。創業者は、ステークホルダーがだれもいないところから出発した経験を持つため、ステークホルダーが集まる場をつくること、経営資源が循環する場をつくることが経営の目的であると考える人が多い。それは、松下幸之助の次の言葉に色濃く表われている。

　「金は天下のまわりもの。自分の金といっても、たまたまその時、自分が持っているということだけで、所詮は天下国家の金である。その金を値打ちもなしに使うということは、いわば天下国家の財宝を意義無く失ったに等しい。金の値打ちを生かして使うということは、国家社会にたいするおたがい社会人の一つの大きな責任である」

　松下は、企業とは社会から独立した存在ではなく、社会の中の一部分であり、そこを経営資源が還流する「場」のようなものであると理解していることがわかる。大企業のリーダーが会社に対して貢献し、上から評価されようとするのに対して、創業者は社会に対して有意義な役割を果たし、社会から評価されることに目的意識を見出しているのだ。

■リチャード・ブランソンの高い志

　ここで、ステークホルダーにフォーカスを当てるのと当てないのとで、経営がどう変わるのかを考えるために、ヴァージン・グループ創業者であるリチャード・ブランソンの事例を取り上げたい。ブランソンがまずフォーカスを絞ったのは、当時社会的に台頭しつつあった、ベビーブーマー世代の若者だ。彼らがその後、社会に出て発言力を持つようになることに着目し、その声を代弁する活動に取り組む。また、若者の有する無限のアンメットニーズ（まだ満たされていないニーズ）を満たすようなビジネスを展開していけば、爆発的な価値が生まれるチャンスがあるとの気づきが、ヴァージン・グループの立上げへとつながっていった。

　ブランソンは若者のニーズを満たすようなビジネス、たとえばレコード

ショップやヴァージン・ミュージックという音楽コンテンツ会社、ナイトクラブや旅行代理店、ヴァージン・アトランティック航空などを次々と立ち上げ、特にヴァージン・ミュージックはボーイ・ジョージやフィル・コリンズなどのスターを輩出し、大成功を収める。また、ひとつの事業がキャッシュフローを生むようになると、それを担保にお金を借りて次の事業に投資するといった形で、累積的に企業価値を膨らませていった。ソフトバンクグループの孫正義がやってきたようなことを、10年以上先駆けて実践していたといえる。その過程で、銀行からだけでは資金調達に限界を感じるようになり、ヴァージン・グループの株式を上場させる決断をする。

　ところが、その直後にブラックマンデー（1987年の株価暴落）が起こり、ブランソンは顧客である若者と、株主である金融街という、ステークホルダー間の板挟みにあう。ブランソンが、若者のニーズを満たす事業に次々と投資しようとすることに対し、投資家はヴァージン・ミュージックのレコード収入が不安定であることを理由に反対したのである。ここでブランソンは、悩んだ末に投資家よりも若者を優先することとし、一度上場した株式を買い戻して非上場化することを決めた。ただしその際、投資家が損をしないよう、70ペンスまで値下がりしていた株式を、上場売出し時の140ペンスで買い戻すことまでしている。これは、後にまた上場による資金調達が必要になったときのために、投資家との関係を維持しておきたいと考えたからだ。

　その後、ブランソンは再び若者にフォーカスを当てた積極経営を続けていくが、1990年になると、今度は第一次湾岸戦争が起こる。航空業界は大きな打撃を受け、ヴァージン・アトランティック航空は資金不足に陥り、手塩にかけて育ててきたヴァージン・ミュージックを売却して資金を調達するか、ヴァージン・アトランティック航空を縮小・閉鎖するかの究極の選択を迫られることになる。このことについて、後に彼は「生まれてはじめて、私は何をすべきかが、わからなかった」と述べている。ここで、普通の経営者であれば、思い入れの強いヴァージン・ミュージックを残すという選択をしたのではないだろうか。同社はヴァージンの顔といってもいいようなスターを輩出し、ヴァージン・グループにとってのDNAともいえる存在だったからだ。ところが、ブランソンは逆にヴァージン・ミュージックを売却するという選

択をした。そして、その理由を次のように説明している。

「ヴァージン・ミュージックを売却すれば、自分のコントロールは及ばなくなるが、航空会社を救済でき、二つの強い会社を残すことができる。一方、ヴァージン・アトランティック航空を縮小ないし閉鎖するということは、ひとつの強い会社を残すことはできるが、2500人の失業者を出すことになり、ヴァージン・グループのブランドは大きく傷つくだろう」

つまり、ブランソンは自分自身の思い入れよりも、社会全体を含めたステークホルダーに及ぼす影響を重くみたのだ。職を失う2500人の社員の多くは、ヴァージン・グループのメインのステークホルダーである若者でもあった。こうしたブランソンの経営姿勢は、後にイギリス社会に雇用を創出したという理由で、女王エリザベス二世からナイトの称号を授与されるに至る。

ここからわかるように、優れた創業者は、ステークホルダーにとって価値をもたらすことにフォーカスを絞っているのだ。マスコミなどで報じられるブランソンの行動だけを見ていると、気球で世界一周したり、宇宙旅行をしたりといった、自分にとって何がカッコイイか、自分の価値観やスタイルにこだわっているように見えなくもない。しかし、それでは、ステークホルダーの支持は得られず、それが大きな価値を生むこともなかっただろう。

■スティーブ・ジョブズの得た教訓

これと似たような経験を、スティーブ・ジョブズもしている。ジョブズはパソコンのマッキントッシュをいち早く上市し、洗練された製品デザインで圧倒的なブランドを確立することに成功した。ところが自前主義にこだわり、ハードウェアやOS（オペレーションシステム）だけでなく、アプリケーションソフトまでをもすべて自分でコントロールしようとした結果、アーリーアダプター（初期採用者）に続くはずのフォロワーをウィンテル・パソコン（マイクロソフトのウィンドウズとインテルのプロセッサが搭載された業界標準のパソコン）に奪われてしまった。アプリケーションソフトの品揃えが限られ、ユーザーにとっての利便性が欠けてしまったからだ。

パソコンのような製品は、アーリーアダプターもフォロワーも払う価格に差はなく、Ｎ数が価値に直結する。アーリーアダプターだけを対象にしたビジネスモデルでは大きな価値は生まれないのだ。車や腕時計であれば、一部

の富裕層は数千万円払ってでも購入するため、フェラーリやヴァシュロン・コンスタンタンのような、限定された少数の顧客をターゲットにしたビジネスモデルが成り立つのとは異なる。このためアップルは、ブランドの面では高く評価されていたにもかかわらず、経済的価値の面では鳴かず飛ばずという状態が長く続いていた。

これが変わったのが、iPodとiPhoneの登場以降だ。ここでジョブズはオープン・プラットフォーム戦略に舵を切る。世界中のハッカーが他社製アプリをダウンロードするのを見て、顧客がそれを望んでいることを思い知らされたのだ。「こんなクズみたいなアプリを、俺の最高のiPhoneにダウンロードするなんて許せない」といったこだわりを捨てたことで、フォロワーがiPhoneを買うようになり、アップルの株価の爆発的な成長が始まった。つまり、「自分にとって何がいいか」ではなく、「ステークホルダーにとって何が価値を生むか」にフォーカスを切り替えたことが、フォロワーを惹きつけ、アップルに巨額の価値をもたらしたといえる。ジョブズにとってのコペルニクス的転回といっていいだろう。

これと対照的なのが、シャープの「ガラパゴス」という製品だ。これはシャープのヒット商品である電子手帳「ザウルス」の進化版で、インターネットを通じて新聞や本をダウンロードできる機能がついていた。アップルのiPadと似たコンセプトの商品で、同じ頃に発売されたが、発売後1年も経たずに撤退が決まった。シャープには、「緊急プロジェクト」という開発組織の運用法があり、液晶テレビの「アクオス」など魅力的な新製品の開発に成功し定評を得ていた。緊急プロジェクトは、「重要な新製品開発のプロジェクトマネジャーに強大な権限を与える仕組み」であり、人材や設備が最優先で割り当てられることで強みが発揮されてきたが、ガラパゴスではまったくといっていいほど通用しなかったのだ。それはなぜなのだろうか。

筆者はここに日本固有の慣行である終身雇用制の限界があると考えている。緊急プロジェクトにおいて強権を与えられたプロジェクトマネジャーが指名できるのは社内の人材に限られる。このため、液晶などのデバイスに詳しい人材や、ハードウェアに強い人材だけで開発できる製品であれば、それがうまく機能した。ところが、ガラパゴスは製品というよりもプラットフォー

ムであり、新聞や雑誌などの最新版コンテンツがいつでも読める電子ブックストアサービス（配信サービス）に乗ってくれる新聞社や出版社が増えてくれないことには、場としての魅力が高まらない。つまり、コンテンツ・プロバイダーが重要なステークホルダーとなるビジネスなのだ。しかし、残念ながらシャープにはコンテンツビジネスに詳しい人材はいなかった。また、終身雇用制をとる日本の大企業では、そうした人材を採用すること自体が容易ではない。このため、ステークホルダーをうまく巻き込むことができず、魅力的なコンテンツの品揃えを用意できなかったのだ。

　アップルが本拠を置くアメリカは人材の流動性が高く、こうした場面でコンテンツ業界から幹部人材を採用することが当たり前のように行われる。また、スティーブ・ジョブズは一時アップルを追放されていた時期に、コンピューターグラフィックスのピクサーに出資し、CEOに就任していたことがあり、ここで映画業界との関係を深めていく。その後ピクサーがディズニーに買収され、ジョブズはディズニーの大株主になるとともに、取締役にも就任する。つまり、ジョブズはコンテンツ業界のインサイダーだったのだ。これがiPod、iPhone、iPadでオープン・プラットフォーム戦略に舵を切る際の成功要因のひとつになった。コンテンツ・プロバイダーが他社のプラットフォームに乗るうえでもっとも気にするのが「著作権の保護」であることに気づき、そこで圧倒的な技術的強みを確立したからだ。コンテンツ業界というステークホルダーにフォーカスを当てたことが、ジョブズにとって爆発的な価値をもたらしたといえる。

■イーロン・マスクの壮大なビジョン

　テスラやスペースXの大株主でありCEOでもあるイーロン・マスクは、人類全体をステークホルダーとして捉え、「環境破壊や戦争などから人類を救う」といった壮大なビジョンを掲げている。そのために、「火星に人類を送り込む」「アメリカのエネルギー構造を変える」といったことを真剣に考え、格安ロケットの「スペースX」、電気自動車の「テスラ」、再生可能エネルギーの「ソーラーシティ」といった会社に次々と投資し、それらを軌道に乗せつつある。テスラの時価総額は、ツイッター買収騒動が起きる前は100兆円を超えており、トヨタの35兆円を大きく凌いでいる。

マスクは最初ソフトウェアエンジニアとしての強みを活かして、Zip2や X.comといったベンチャー企業を立ち上げた。その後X.comは決済サービスのペイパル（PayPal）と合併し、それをイーベイ（eBay）に売却したことで、多額の資本を獲得する。マスクは、将来爆発的な価値を生み出す源泉を「インターネット」「宇宙」「再生可能エネルギー」に見出していた。また、そこで技術を磨くことで、「人類を救う」という社会的使命の実現が可能になると考えていた。このため、獲得した資金をこれらの領域に惜しげもなく投資し、各分野のステークホルダーを次々と巻き込んでいく。宇宙関連ではNASA、EV関連では電池のパナソニックや車台のロータスなどだ。ほかにも、さまざまな材料メーカーや、各分野のトップクラスの人材を惹きつけていった。

　自動車、宇宙航空、エネルギーという、アメリカを代表する巨大産業に外部から突然参入し、ローコストの民生用技術をロケットに応用するなどという、まったく新しいアプローチを持ち込んだマスクの動きを、多くの業界のインサイダーたちは最初は冷ややかに見ていた。ところが2012年に、スペースXが国際宇宙ステーション（ISS）に物資補給用の宇宙船を格安で打ち上げることに成功し、テスラがセダンタイプのモデルSの量産段階に入ると、ロッキード・マーティンなどの既存の航空宇宙産業のプレイヤーや、カーメーカーを震撼させることとなる。その一方で、一時落ち込んでいたアメリカのロケット打上げにおける競争力を、ロシアや中国に匹敵するレベルまで復活させた。

■ビジョンとは何か

　マスクは、他の多くの創業者と同様に、いわゆる「いいリーダー」ではない。「週40時間勤務で世界を変えた人などいない」と公言し、社員が土日に働くのを当然のように考えている。要求に応えられない社員に対しては感情的になって厳しく問い詰める。自分に反対する人たちを公の場でこき下ろすようなことも平気でやってのける。このため、「独善的な頑固者」という評判が立ち、「マスクと一緒にはやっていけない」と言って会社を去る人も少なくない。実際、自分が立ち上げたZip2とX.comでは、いずれも最後は会社から追放されるという憂き目にあっている。大企業のリーダーシップ研修で

は、おそらく失格の烙印を押されてしまうだろう。

　それにもかかわらず、マスクは各業界の中で抜群に優秀な人材を発掘して入社させる力において定評がある。このため、外部の企業に仕事を発注するより、有能な人材を採用して内製化したほうが早いという考え方を持っている。マスクを高く評価する社員は、「だれよりもリスクを背負い込んでいるのは彼ですが、その実績は見事なものです」と言う。マスクのビジョンとリスクテイクによって、大きな使命の実現にチャレンジする希少な機会が与えられていることを理解する人たちも少なくないのだ。従来のリーダーシップ開発は、こうした0から1を生む人材を排除してきたのかもしれない。

　もちろん、従来のリーダーシップ論でも「ビジョン」は重視されてきた。しかし、ビジョンという言葉には注意が必要だ。かつてビジョナリーカンパニーといわれたヒューレット・パッカード、GE、フォード、IBMなどの企業は、いまではすっかり精彩を欠いている。HPウェイ、GEウェイなどもかつてのようにもてはやされることはなくなった。マスクのような創業者のビジョンと、大企業のビジョンやウェイのようなものとは、何が違うのだろうか。

　創業者にとってのビジョンとは、ステークホルダーに向けられた外向きのメッセージであり、ステークホルダーにどのような価値をもたらすのかを明確に伝えるものである。これに対して、大企業におけるビジョンやウェイは、多くの社員を束ねるための内向きのものである。大企業ではすでに価値を生むビジネスモデルとステークホルダーが存在しており、CEOにとっての課題は、いかに多くの社員を束ねて効率的に利益を刈り取るかになる。このため、大企業におけるビジョンとは、自分たちは何者で、どうありたいのかを社員に向けて語るものが多い。ただ、ここで留意しなければならないのは、自分たちがどうありたいかは、顧客・株主・社会一般など社外のステークホルダーにとってはどうでもいい話であるということだ。ステークホルダーが求めるのは、その経営者が自分たちにどのような価値をもたらしてくれるかである。

　自分たちのありたい姿を語ることは、だれにでもできる。しかし、だれにでもできることから価値が生まれることは期待しにくい。一方、ステークホルダーにどのような価値をもたらすのかを語ることは、だれにでもできるこ

とではない。優れた創業者が人生を懸けて行うに値する仕事である。だから
こそ、そこから価値が生まれるのだ。また、自分の願望ではなく、社会にとっ
て価値を生む活動に取り組んでいるがゆえに、創業者は必要とあらば社員を
厳しく叱責できる。しかし同時に、創業者自身がだれよりもハードワークを
いとわない。叱責された社員も、それがわかっているから、納得してついて
いくことができるのだ。

■ジェフ・イメルトのリーダーシップ

　GEは、ジャック・ウェルチのカリスマ的なリーダーシップにより一時期、
全米でもっとも価値のある企業となり、2000年頃の時価総額は60兆円を超え
ていた。しかし、後任のジェフ・イメルトの時代になると変調をきたし、現
在の時価総額は最盛期の10分の１近くにまで減ってしまった。その原因とし
て、SDGsの影響で火力発電事業が大打撃を受けたことや、リーマンショッ
ク後に金融事業（GEキャピタル）による収益のかさ上げがむずかしくなっ
たことがあげられる。SOX法（サーベンス・オクスリー法）の導入により
会計上のマジックがはげ落ちたことを指摘する人もいるが、筆者はそれらに
加えて、イメルトのリーダーシップにもGEの企業価値減少の一因があった
のではないかと考えている。

　イメルトは金融事業の売却や、デジタル事業への積極的な投資などにより、
GEの事業ポートフォリオの再編に真剣に取り組んだという点では、果敢に
リーダーシップを発揮したといえる。また、大企業のリーダーの中では、い
ち早くインターネットの可能性に注目した人でもあった。ただ、デジタル化
に向けた取り組みはイメージ先行で、価値創出につながる実質をともなうも
のではなかった。たとえば、イメルトがエネルギーを注いだ「イマジネーショ
ン・アット・ワーク」「デジタル・インダストリアル企業」といったブランディ
ング活動からは、多くのステークホルダーは抽象的なメッセージしか受け取
れず、自分たちにどのような価値をもたらすのかが明瞭に伝わるものではな
かった。それはむしろ、イメルトたちがどう見られたいのか、願望を押しつ
けるもののような感じだったという。GEをテスラやアップルのような企業
に見せようと必死だったのだ。

　また、「機械と産業のビッグデータと人間をつなぐための、標準的で安全

な方法を提供する産業界初のプラットフォーム」として、「プレディクス」というソフトウェアの開発にも多額の投資を行ったが、現場では、プレディクスに何ができるのか、それを売っているセールススタッフすら明確な説明ができないような状態であった。コンセプトに中身がともなっていなかったのだ。また、この件をよく知る業界のインサイダーは、GEが自分に都合のいいようにデータを集めようとして、パートナーを離反させてしまったとも言っている。どのようなステークホルダーに、どんな価値を提供するのか、それをソフトウェアにどう実装するのかを真剣に考えてはいなかったのだ。結果として、大量に資金を投入したものの、何度も中断ややり直しが発生し、現場を混乱させた末にプロダクト化は失敗に終わった。

　こうした混乱の中で、投資家やシリコンバレーの若きソフトウェアエンジニアたちが離れていき、イメルトは2017年に退任に追い込まれる。デジタル化の必要性については、だれよりも早く認識し、それによって社内を鼓舞することにも成功していたにもかかわらず、デジタル化の実現に不可欠なステークホルダーを味方につけることはできなかったのだ。

　ウェルチは、「自分のGE経営はA評価だったが、後継者選びはF評価だった」と述べている。これは、GEという大企業のリーダーシップが、デジタル革命という時代の転換期においては通用しなかったことを示唆している。イメルトのリーダーシップは、5を10に成長させるのには向いていたが、0から1を生むことには寄与しなかったのだ。そしてウェルチが仮にイメルト以外の候補者を選んでいたとしても、F評価に変わりはなかったのかもしれない。

■デジタル化に逆行した日本企業の「ものづくり哲学」

　2005年頃のこと、「すり合わせ型」（特別に最適設計された部品を相互調整しトータルなシステムとする）か「モジュラー型」（既存の部品を組み合わせて創造的商品をつくり上げる）かという議論が流行り、多くの日本の大企業は、自社のものづくりはすり合わせ型であるべきで、パソコンのようなモジュラー型の方向には進むべきではないという結論に傾いていったように思う。しかし、その後の世の中は、エレクトロニクス業界を中心に、アナログ技術からデジタル技術への転換が進み、多くのハードウェアの機能が半導体とソフトウェアに集約されていくにつれて、製品のアーキテクチャ（設計思

想）が自然にモジュラー化していった。かつてのようにテープを引っ張り出してヘッドに巻きつけるといった難易度の高いことをしなくても、半導体とソフトウェアを買ってきて組み合わせることで、台湾や中国の企業でも簡単に「いい絵」「いい音」を出せるようになっていった。またモジュラー型のアーキテクチャに合わせてグローバルな分業体制ができ上がっていった。もはや自前主義ですべてを抱え込むより、グローバルな分業体制を活用するほうが、顧客にとって安くていいものを速く届けられる時代になったのだ。

すり合わせ型を志向した日本の大企業は、こうしたデジタル化の波に逆行してしまったのではないだろうか。その結果、高コスト体質、過剰品質、スローな開発スピードが定着してしまい、グローバルな競争力を失っていった。そして、海外の顧客を失っただけでなく、グローバルな有力サプライヤーともいい関係を維持することがむずかしくなった。ものづくり哲学にこだわりすぎた結果、ステークホルダーからの支持を失ってしまったのだ。そこでは自分たちにとっての正義や美学が重視され、ステークホルダーにとって価値を生むかどうかという問いが抜け落ちてしまったのだ。

当時、「エレクトロニクスや情報通信にとどまらず、いずれは自動車もモジュラー型に変わっていくのではないか」という懸念を抱く人たちもいた。筆者はこれについてさまざまな人の考えを聞いて回ったが、そのとき返ってきたのは一様に、「何をバカなことを」といった反応だった。「自動車は何万点もの部品を狭いスペースの中に詰め込む必要があって、パソコンのようなわけにはいかない」ということだ。しかし、その後5年も経たないうちにテスラが量産に成功し、いまではスマホやパソコンの受託生産会社であるホンハイ（鴻海精密工業）までが電気自動車の生産に名乗りをあげるようになっている。

「もはやモノ売りだけでは先がない」と認識しつつも、いまでも自社のものづくり哲学にこだわり続ける日本の大企業は少なくない。「自社の強みを放棄してしまっては、価値など生めないではないか」ということだ。もちろん、それが価値を生むのであればそれでいいだろう。しかし、価値を生まなくなってきているのであれば、ものの見方を変える必要がある。

そのときに考えなければならないのが、「ステークホルダーに価値を提供

するために新たに獲得すべきは、どのような強みか」ではないだろうか。これは創業者が最初に考える問いだ。「価値を生む強みがすでにある」という前提からスタートしてきた大企業のリーダーにとって、この問いに立ち返るのは大きな不安をともなうことだろう。場合によっては、天動説を地動説に変えるぐらいのものの見方の転換が必要になるかもしれない。しかし、そこにフォーカスを合わせること、この問いから逃げないことが、結果的に無駄な努力を減らし、新たな時代において価値を生み出すビジネスモデルの発見につながっていくのではないだろうか。

■真のステークホルダーへ視野を広げる

　現在、リーダーとして組織の舵取りを任されている人の中には、不透明な経営環境の中で上司の方針がコロコロ変わり、部下や顧客との間で板挟みになって苦労している人も少なくないだろう。そんなときは、上司のいうことに限定せず、広くステークホルダー全体に視野を広げてフォーカスを当ててみてはどうだろうか。あるいはバリューチェーン上のすべてのプレイヤーを視野に入れて、自組織の運営のあり方を考えてみてもいいかもしれない。

　コロナ禍が始まる前ぐらいから、半導体の供給不足が世界的に大きな問題になっていた。パソコン、モバイル機器、家電、ゲーム機、自動車、産業機械、住設機器など、さまざまな業界の企業が半導体の調達難に直面し、いつ部品が手に入るかわからずに上司や顧客への報告に苦慮した人も多いだろう。このときの半導体不足は、バリューチェーン全体を視野に入れれば、その原因として需要の増加に生産能力が追いついていないこと、台湾のTSMCなどの受託生産会社がボトルネックになっていることが見えてくる。半導体メーカーの多くは、設計は自社でも、生産はTSMCなどのファウンドリと呼ばれる受託生産会社に外注しているケースが多い。特にスケールメリットが得られる製品や、最先端のプロセス技術が求められる製品であればなおさらだ。このため、目の前のサプライヤーが「いついつまでに必ず納品します」と答えていても、その中で使われている半導体の生産予約をキャンセルされたら、約束されたものは届かない。このケースでは、真のステークホルダーは目の前のサプライヤーではなく、川上にいるTSMCということになる。

　こうした場面で、動体視力のいい人はバリューチェーンの全体像を視野に

入れ、真のステークホルダーにフォーカスを絞っていた。この部品に入っている半導体はどこが生産しているのかを調べ、そこで生産能力がほかに切り替えられるリスクがどの程度あるのかをいち早く検討していたのだ。そして、半導体メーカーの中でも自社生産をしている企業があり、そこからの調達に切り替えることで、調達リスクを減らす活動に取り組んでいた。

　真のステークホルダーは、このケースのように、普段接している上司や、目の前の顧客、サプライヤーではないことも多い。むしろ、上司や社長の先にいる株主、顧客の先にいるエンドユーザー、サプライヤーの上流にいる希少な資源を持った真のステークホルダーなどにフォーカスを絞ることで、自分のやるべきことが見えてくることも多い。目の前の上司や顧客の朝令暮改に悩まされている人は、広くステークホルダー全体に視野を広げてみてはどうだろうか。

1-2 社会的価値の創出

■SDGsとCSRの違い

　近年SDGsが企業の重要な使命として認識され、経営者にも社会貢献への取り組み姿勢が問われるようになっている。企業活動の規模が大きくなり、たとえばGAFAと呼ばれる巨大プラットフォーマーのデータセンターが莫大な電力を消費してCO_2排出を加速させたり、彼らのサービスが膨大な通信容量を食うことをEUが問題視するなど、それが地球環境に及ぼす影響が無視できなくなっているからだ。このような傾向はいまに始まったことではなく、これまでも多くの企業がCSR（Corporate Social Responsibility）活動に取り組んできた。

　では、SDGsはCSR活動とはどう違うのだろうか。一言でいうと、企業に求められる社会的責任のレベルが一段切りあがったということだ。CSR活動は「できることから手をつける」といったレベル感で、それが実際に地球温暖化を止めることに寄与したかどうかまでは問われなかった。その結果、多くの企業がCSR活動の成果をアピールしているにもかかわらず、気温は上昇を続け、自然災害は激化の一途をたどっている。これに対してSDGsは、定量的なゴール設定を重視しており、地球の持続可能性に寄与しているかの測

定・評価を目的としている。

　かつては経営者の責任というと企業価値（株価）を高めることがすべてであり、社会的貢献などはNPOに任せておけばいいという風潮の時代もあったが、そのような時代においても、創業者の中には真剣に社会貢献を考えていた人が多かったように思う。井深大の「日本の戦後の復興、文化向上に貢献する」「世界の人々のライフスタイルを変える」「日本の産業興隆に貢献する」などがその例だ。常にステークホルダー全体に視野を広げているため、社会的価値の創出に貢献するチャンスも、自然に目に入ってくるのだ。

■その企業でなければできないことを考える

　リチャード・ブランソンは、1990年に第一次湾岸戦争が起こったとき、イラクからヨルダンに難民が流入し、水も毛布もない中で多くの人たちが困っているという話を聞いた。そこで彼はヨルダンのフセイン国王とノア女王に連絡を取り、支援を申し出る。ブランソンは過去にノア女王の要望で、国王夫妻を気球に乗せたことがあり、それ以来親交があったという。そして、毛布や食糧を届けることをノア女王に請け負う。赤十字や外務省、ユニセフなどに連絡し、毛布４万枚を調達し、ヴァージン・アトランティック航空の飛行機に積んでヨルダンに届けた。このニュースを見て、イギリス最大の航空会社ブリティッシュ・エアウェイズの会長、ロード・キングは、「これはわが社がやるべきことだった」とつぶやいたという。

　さらにサダム・フセインが多くの外国人を人質として取った画像がテレビのニュースで報じられると、ブランソンは人質救出のために何かできないかと考えた。そして、イラクでは医療品が不足しているという話を聞き、サダム・フセインに自ら手紙をしたため、医療品と引き換えに人質解放の意思があるかどうかを問うている。その２日後に回答があり、女性と子どもと病人を解放する用意があることを確認する。そこで再び医療品を積んでヴァージン機を飛ばして、今度はイラクに向かい、多くの人質を脱出させることに成功したのだった。

　経営者にとっての社会貢献には２種類あるといわれる。ひとつは寄付のように、お金があればできる社会貢献だ。もうひとつは、その企業の人材・技術・経営資源・ネットワークなどがなければできない社会貢献だ。後者のほ

うがより価値が高いことはいうまでもない。ここでブランソンがやったことは、まさに飛行機を運航できる会社だけにできることだった。こうした機会に気づくことができたのは、日頃から多くのステークホルダーに対して何ができるのかを考え続けてきたからにほかならない。ものの見方の違いが、いざというときにチャンスが見えるかどうかを決めるのだ。

　近年、ベンチャー企業でも「社会を変える」ことを使命として打ち出す企業が増えている。大企業に長くいた人たちから見ると、「何をバカなことを」と感じられる面があるかもしれない。実際、これまでは社会的価値について考えるのは、メガバンクやエネルギー関連企業、電鉄や通信などの公共企業の役割であった。しかし現在では、ウーバー（Uber）のような企業がコロナ禍において宅配インフラの役割を果たしたり、エアビーアンドビー（Airbnb）のような企業がロシアのウクライナ侵攻に際して、東欧に避難した人々に住宅を提供するようになっている。国家ができないような社会的価値の提供を、ベンチャー企業が担っているのだ。通信技術によって世界中の人と瞬時につながり、情報技術によって、人間が1回判断する間にAIが人件費ゼロで無限にマッチングできるようになった。こうした技術がいかに革命的かがわかる。あとはそれを使う人間の発想次第だ。つまり資本力ではなく、機会を見抜く動体視力、その背後にあるものの見方が、社会的価値を生む時代になったのだ。

　いま、多くの若者は、SNSによってこうした活動を知り、そこに自分も参加できる機会を求めている。リチャード・ブランソンやイーロン・マスクのような眼力さえあれば、こうした人たちを惹きつけ、エンゲージメントを高めることができるのだ。

2. 価値が生まれるメカニズム

■壮大なビジョンを実現するための「理」

　ここまで、井深大、リチャード・ブランソン、スティーブ・ジョブズ、イーロン・マスクなどの創業者がステークホルダーにフォーカスを当て、彼らに価値をもたらす壮大なビジョンを打ち出すことで味方につけ、社会的に意味

のあることを成し遂げようとしていることを述べた。またそれが、他の人には見えていない社会的価値を生む機会を発見することにつながっていることについて触れた。しかし、創業者たちが成功した理由はそれだけではない。壮大なビジョンを実現するための「理」の部分をしっかり持ち合わせていたことが、成功したもうひとつの理由である。いくら風呂敷を広げてみても、それを実現するための理屈に欠けていると、絵に描いた餅で終わってしまう。そこで、優れた創業者たちは「価値が生まれるメカニズム」をどのように見ているのか、そのどこにフォーカスを当てているのかに話を進めたい。

　価値が生まれるメカニズムを考えるうえで、あらかじめ理解しておくべき重要な概念が2つある。それが「バリューチェーン」と「競争優位性」だ。バリューチェーンとは価値を生むプロセスのことであり、価値というアウトプットを生み出すためには、まず優れたプロセスを考える必要がある。また、ビジネスは必ず競争をともなう。競合企業と戦い、紙一重の差でもいいから相手を凌いで勝ち残らないと、ステークホルダーは価値を認めてはくれない。そのためには競争優位性について考える必要がある。

2-1　バリューチェーン

■バリューチェーンのスクラップ＆ビルド

　バリューチェーンとは、価値を生み出しユーザーに届けるまでの一連のサプライチェーン（活動の側面）と、それにともなう収益費用構造（お金の側面）が表裏一体になったものと定義できる（図表1）。サプライチェーンを川上から川下まで調べてみると、「どんな企業が、どこで、どのぐらいの人手と時間をかけて、何をしているのか」が明らかになり、コスト構造がおぼろげながら浮かび上がってくる。そして、サプライチェーン上に並ぶさまざまな企業間で、収益をどのように分け合っているのか、各社の提供する付加価値や力関係が見えてくれば、バリューチェーンの全体像を解明することができる。もちろん、すべてを解明し尽くすことは容易ではないが、おぼろげながら全体像を掴めるかどうかが重要なのだ。なぜなら、それによって「この活動はAIを使えば思い切って脱人化できるはずだ。そこで浮いたお金をこっちに持っていって投資すれば、新たな付加価値を創出できる」といった

バリューチェーンとは、サプライチェーン（活動の側面）と
収益費用構造（お金の側面）が表裏一体になったもの

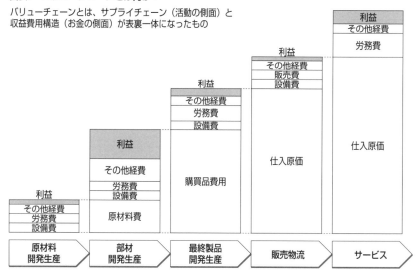

形で、バリューチェーンのスクラップ＆ビルドについてシミュレーションが
可能になるからだ。

　優れた創業者は、業界バリューチェーンの全体像をよく把握しており、そ
れをスクラップ＆ビルドするさまざまなアイデアを持っている。それが新た
な価値の創出につながる。彼らは何もないところから事業を立ち上げてきた
ことから、顧客やサプライヤーの中の活動にフォーカスを当て、バリュー
チェーンの全体像を解明する努力を絶えず行っている。そうやって自らの居
場所をつくり出してきたのだ。これに対して大企業のリーダーは、すでに確
立された分業体制の中で活動しており、バリューチェーンの全体像を視野に
入れなくても仕事が成り立ってしまうところがある。また、自社の活動だけ
でも相当複雑であり、自分はその一部の機能しか担当していないことから、
社内（自社）にフォーカスを当ててしまいがちだ。その結果、顧客やサプラ
イヤーの活動がどうなっているのか、どうかかわっているのかを知らない人
が意外に多い。

■ソフトバンクのバリューチェーン変革

　孫正義は、ソフトバンクを立ち上げたときにバリューチェーンのスクラップ＆ビルドで大きな価値を生み出すことに成功している。そのときの話を紹介したい。孫は、パソコンソフトの卸売業として「ソフトバンク」という会社を立ち上げた。当時は、シャープやNECなどが個人向けのパソコンを売りに出したばかりの頃で、まだマニアのような人たちが自分でプログラミングして使っている時代だった。しかし、それが普及していくにつれ、いずれは市販のソフトウェアに爆発的な需要が生まれる。そこに大きなビジネスチャンスを見出し、孫はパソコンソフトのバリューチェーンを徹底的に調べ上げる。

　当時、パソコンソフトの最大手のメーカーは北海道のハドソンという会社であった。孫はハドソンから独占販売権を買い取るという離れ業を思いつき、自社の資本金を上回るようなお金を調達して払い込む。なぜそこまでのリスクを取って独占販売権を買い取ったのだろうか。当時、ソフトバンクはまったく無名の新参者だったが、ハドソンは業界ナンバーワンのメーカーであるため、ハドソンの独占販売権を持っていれば、たいていの小売店はソフトバンクと取引してくれるからだ。つまり、孫は顧客を買い取る効果があることに気づいたのだ。

　しかし、ハドソンの立場に立ってみると、彼らも開発費を必要とすることから、独占販売権を売り渡すのはいいとしても、仮にソフトバンクが商品を捌けなければ、自分たちが困ることになる。そこで、孫はハドソンに対して、確実に売り捌けることを立証する必要があった。当時、パソコンソフトの小売最大手は上新電機である。ここに着目し、上新電機に徹底的に入り込むアプローチを取った。ソフトバンクの社員が上新電機の店頭に立って、パソコンと一緒にソフトを売るようなことまでやった。上新電機からしてみると、パソコンはよくわからない新分野であり、ソフトバンクのような企業に任せたほうがいいと考えたのだろう。こうして、パソコンソフトの一番太い商流の川上と川下を押さえることで、川中を自分のところに取り込み、シェア70%を奪取することに成功したのだ。この事例は、バリューチェーンを調べ上げ、スクラップ＆ビルドの可能性を検討することで、まったくの新参者

でも70%のシェアが取れることを示している。

■DX時代の戦い方

　いま、工業化の時代が終わり、デジタル化の時代が始まる中で、このバリューチェーンの持つ意味が一層重要性を増しているように感じる。というのは、デジタル化の時代においては、通信技術を通じて、売り手から買い手まで、バリューチェーン上のあらゆるプレイヤーとリアルタイムにつながることができる。また、情報技術により、AIが買い手のニーズをキャッチし、売り手とマッチングすることで、人件費ゼロで無限にビジネスチャンスを刈り取ることもできる。すなわち、ひとつの情報システムで、バリューチェーン全体をコントロールできるようになるのだ。実際アマゾンは、消費者、物流業者、出版社から、そのうえでモノを売るサードパーティ（出品者）まで、バリューチェーン上のあらゆるプレイヤーがアクセスするシステムを確立している。

　これまでは情報システムというと、「社内システム」を意味してきた。バリューチェーンの川上から川下まで並ぶ多数の企業が、各社別に分断された情報システムを通じてバリューチェーン上のモノや価値の流れをコントロールしてきたが、一方で、さまざまな非効率性が構造的に埋め込まれている。それが、今後ひとつの情報システムでバリューチェーン全体をコントロールできる時代に変わっていくと、どこの業界でも、そして業界を超えて、バリューチェーンそのものの抜本的なスクラップ＆ビルドが始まっていくだろう。実際アマゾンのやってきたことを見ると、バリューチェーンのスクラップ＆ビルドがもっとも価値につながっていることがわかる（図表2）。

　まず、アマゾンは書店をスクラップし、オンラインストアをビルドすることで、書店に流れ込んでいたお金を奪い取った。次に、出版取次をスクラップし、そこに流れ込んでいた莫大なお金を奪い去っている。取次がやっていたのは売れ筋在庫の管理である。書店では無数の本が棚に並べて売りに出されるが、多くの本はすぐに入れ替わる。その一方で、ベストセラーになった本は、品切れとならないよう次々と供給を続けていく必要がある。そうした在庫の流れをコントロールしていたのが出版取次だ。しかし、その取次の機能もアマゾンのデータベースと自動化倉庫によってスクラップされてしまっ

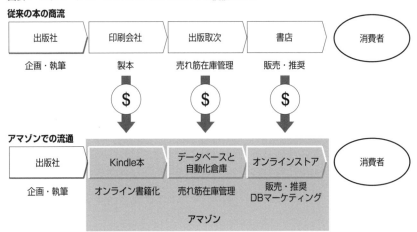

図表2 バリューチェーンのスクラップ＆ビルドが価値を生む

従来の本の商流

| 出版社 | 印刷会社 | 出版取次 | 書店 | 消費者 |

企画・執筆 　　製本　　　売れ筋在庫管理　　販売・推奨

アマゾンでの流通

| 出版社 | Kindle本 | データベースと自動化倉庫 | オンラインストア | 消費者 |

企画・執筆　オンライン書籍化　売れ筋在庫管理　販売・推奨DBマーケティング

アマゾン

た。さらに、キンドル本をビルドしたことで、印刷会社までスクラップされ、そこに流れ込んでいたお金がアマゾンに吸い上げられている。つまり、デジタルの時代とは、バリューチェーンのスクラップ＆ビルドがお金になる時代なのだ。アマゾンがやったように、通信技術を使って顧客と直接つながり、情報技術（AI）を使ってビジネスチャンスを川上でキャッチし刈り取ることで、既存のプレイヤーをスクラップすることが、もっとも効果的に価値を生む時代になったのだ。

　グーグルやフェイスブックは、広告のバリューチェーンをスクラップ＆ビルドすることで、電通のような広告代理店やテレビ局、新聞雑誌などから莫大なお金を奪い取った。アップルは、レコード店やCDプレイヤー、デジカメ、テレビゲームといった業界のバリューチェーンをスクラップ＆ビルドし、300兆円という爆発的な価値を生み出した。テスラは自動車産業、スペースXは宇宙航空産業のバリューチェーンをスクラップ＆ビルドしようとしている。

　こうした動きに脅威を感じ、いかにプラットフォーマーから自社を守るかを議論している企業も多い。しかしこれは、戦車しかなかった時代に、突然戦闘機が現われたようなものだ。そこで議論すべきは、「戦闘機からいかに

して戦車を守るか」ではない。生き残るためには、自分たちも戦闘機を手に入れ、新しい戦い方をマスターする以外にはないであろう。

■「データがお金を生む」は嘘

近年よく聞く言葉に、「データがお金を生む」がある。しかし、こうしたフレーズがよく出てくる事業に限って儲かっていない印象を受ける。たとえば、IoTを使った新製品がその典型だ。「見守りポット」を例に取って考えてみよう。これは湯沸かしポットにセンサーを付けて、高齢者が毎日ポットを使っている状況を把握してデータ化し、家族のスマホに通知するサービスだ。社会的には意義があるものの、お金にはつながっていない。なぜだろうか。

筆者が東京に住んでいて、老親が九州にいるとしよう。「あなたのお父さんがポットを使わなくなりました」というシグナルが飛び込んできても、東京にいたら急には見にいくことができない。これをお金につなげるためには、いざというときに代わりに駆けつけられる仕組みが必要である。警備会社が駆けつけサービスを提供してはいるが、いざというときに備えて常時、人を待機させていなければならないため、固定費が高くつく。その結果、毎月5000円近く払わないとサービスが受けられない。これでは多くの人から利用されるサービスにはならないだろう。「データがお金を生む」わけではないのだ。

それでは、どうしたらこの状況をお金に換えられるのだろうか。IoTのもっとも優れたところは、毎月5000円を払うのが嫌な人でも、いざ「あなたのお父さんが倒れたかもしれませんよ」と言われれば、「3万円払ってもいいからだれか見に行ってくれ」という状態に変わる瞬間を捉えられることだ。これを「価格感応度が下がる」瞬間という。この3万円をマネタイズ（収益化）するためには、どうすればいいのだろうか。たとえば、タスカジやランサーズといった家事のクラウドソーシングの会社では、高齢者の家の近くに住む主婦や学生を日頃からネットワーキングしておき、家の掃除をして2000円、庭の木を切って3000円といった形でマッチングビジネスを展開している。こういう会社を買収するなりアライアンスを組むなどにより、見守る高齢者の近所に、駆けつけてくれる人のネットワークをつくっておけば、いざという

ときに様子を見に行ける人を手配する仕組みを構築でき、先ほどの３万円を
マネタイズすることが可能になる。

　ここからわかるのは、「データ」がお金を生むのではなく、データが得ら
れたあとに取る「アクション」がお金になるということだ。そして、そのた
めには、いざというときに駆けつけられるバリューチェーンをローコストで
つくっておく必要がある。儲かっていない事例を見ると、既存のバリュー
チェーンを変えないまま、そこにIoTを使った新製品をひとつ載せるという
発想から脱却できていないケースが多い。バリューチェーンを敷いていない
ため、データが得られてもアクションにつなげられず、お金に換えられない
のだ。デジタル技術は、自分たちがいま乗っているバリューチェーンそのも
のをスクラップ＆ビルドしたときに、はじめて大きなお金につながると考え
る必要がある。

■そのデータはいくらのお金になるのか？

　このように、「データがお金を生む」という見方だけでは、そのデータが
一体いくらのお金になるのかは見えてこない。そのあとに取られるアクショ
ンによってマネタイズできるお金の多寡が大きく変わってくるからだ。すな
わち、アクションが絞られてはじめて、いくらのお金になるかが見えるよう
になる。

　たとえば、高齢者にウェアラブルデバイスを付けてもらっていて、「この
お年寄りはそろそろ足が弱くなってきている。次に転倒すると、骨折して寝
たきりになるかもしれない」という状況をキャッチしたとしよう。ここで、「杖
の広告を出す」というアクションを取るとすれば、マネタイズできるのは杖
の市場規模に広告料相当の一定比率を掛けた金額が上限になる。ところが、
アメリカにはもっと大きくマネタイズしようと考えた企業がある。お年寄り
を転ばなくさせるサービスを請け負うケアモアという会社である。

　お年寄りが転んで骨折し、寝たきりになるまでの期間を５年でも遅らせら
れれば、家族は介護離職をしなくて済み、５年分の年収が保証される。そう
すれば、杖の広告料などよりもはるかに大きなマネタイズが可能になる。そ
のため、この会社はトレーニングセンターを設置して、お年寄りの足の筋肉
を維持するサービスを提供している。しかし、お年寄りも次第につらくなっ

てトレーニングにこなくなるそうで、そんなときには、車を飛ばして迎えに
いくことまでやっている。また、アメリカではお年寄りが転んで寝たきりに
なる原因のナンバーワンが、カーペットに足の爪が引っかかって転ぶことと
いわれており、ケアモアはお年寄りの足の爪を切ることまでしている。ここ
からも、データではなくアクションが価値につながることがわかる。そして、
アクションを取るためには、そのためのバリューチェーンを敷いておくこと
が必要になるのだ。

■デジタル革命の洗礼をいち早く受けたエレクトロニクス業界

　日本のエレクトロニクス業界は、いち早くデジタル革命が訪れた業界とい
える。かつて、アナログの時代には、テレビ、ラジオ、テープレコーダー、
ビデオレコーダー、ゲーム機など、1台10万円を超えるようなハードウェア
が飛ぶように売れた。それは、テレビ番組、ラジオ番組、音楽、映画、ゲー
ムなどのコンテンツごとにメディア（電波や磁気テープなどの媒体のこと）
がバラバラで、それぞれに高度な専用ハードウェアが必要だったからだ（図
表3）。しかし、デジタルの時代になると、これらのコンテンツがすべて0
と1の数字の羅列、すなわちデータに還元されてインターネット回線や携帯
通信網で送られ、iPadひとつあればテレビも音楽も映画もゲームも楽しめる
ようになった。しかも、iPadの単価は数万円と、アナログ時代の機材より一
桁安い。ハードウェアの多くの機能が、デジタルの時代においては半導体と
ソフトウェアに集約され、それらを組み合わせるだけで簡単につくれるよう
になったからだ。もはやハードウェアにはお金が流れ込まない時代になって
しまったのだ。

　本来であればバリューチェーンそのものを抜本的に見直すべきタイミング
が訪れていたにもかかわらず、日本のエレクトロニクス企業は、ハードウェ
アの製造という領域にフォーカスを当て続けた結果、アップルに代表される、
コンテンツやサービスからハードウェアまでを包含するプラットフォームを
構築した企業にバリューチェーンをスクラップ＆ビルドされてしまったの
だ。iPhoneだけを見ていると、1台10万円以上のハードウェアが売れている
ように感じられるかもしれない。しかし、iPhoneを買っている人はiTunes
やAppStoreなどの便利なプラットフォームに参加するための入場料として

図表3　なぜ日本のエレクトロニクス企業が勝てなくなったのか？

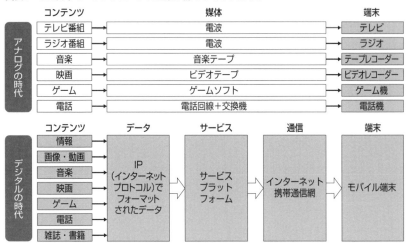

10万円払っているだけで、ハードウェア自体にその価値を認めているわけでは必ずしもない。実際、似たようなスマホが他社から格安で販売されている。

　以前iPhoneが登場したばかりの頃に、日本のエレクトロニクス企業でガラケーの担当をしている役員と話をしたことがある。そのときに、「iPhoneを分解してみたが、目新しい要素は何もなかった。われわれでもつくれる」と楽観的に語った直後に、「ソフトウェアを除いては」と付け加えたことが印象に残っている。いまから思うに、このときiPhoneのソフトウェアがもたらすバリューチェーンのスクラップ＆ビルドの可能性に気づくチャンスがあったのだ。しかし、そうした可能性は軽視されたまま、日本のエレクトロニクス企業はiPhoneのハードウェアとしての側面にだけフォーカスを当て続けたため、バリューチェーンをスクラップ＆ビルドしようとするアップルの動きが見えなくなってしまったといえよう。

■トヨタのウーブンシティ構想

　いま、こうしたデジタル化の波が、自動車業界にも押し寄せようとしている。EV、コネクティッドカー、自動運転車など、次世代自動車の登場により、業界バリューチェーンが大きく変わっていくことが予想されるのだ。このた

め、トヨタは「ウーブンシティ構想」を立ち上げ、自分たちの乗っているバリューチェーンを抜本的にスクラップ＆ビルドすることに取り組み始めている。

　ウーブンシティ構想とは、トヨタが富士山麓にある工場跡地に、自動運転車のための実験の街をつくる構想だ。人通りの激しい街中で完全自動運転を実現するためには、車の機能だけに頼ることはむずかしいといわれる。路地から飛び出してくる自転車を捉えようとするなら、信号機や電柱などにセンサーやカメラを設置し、そこでキャッチした危険事象を車に知らせることが効果的だ。そのためには、街のデザインから考え始める必要がある。これがトヨタがスマートシティの建設に着手した理由である。

　ウーブンシティ構想が実現すれば、トヨタは自動車の製造販売から脱却し、街のインフラとともに自動運転車をMaaS（Mobility as a Service）として提供する会社になるかもしれない。それによって、公共交通、物流、宅配、デリバリーなどの事業者から利用料を得たり、あるいはトヨタ自身がそうしたラストワンマイルのサービスに事業領域を広げたりする可能性がある。また、エネルギー源として環境にいいとされる水素を街中の車や商業施設、住宅に供給することを考えている。トヨタはミサワホームやトヨタホームといったハウスメーカーも傘下に持つが、それらも、これまでの住宅建築の請負業から、スマートハウスのディベロパーという立場に業態を変えていく可能性がある。近い将来、冷蔵庫のビールがなくなったのをセンシングして、自動運転車がタイミングよく持ってきたり、ゴミを回収していったりといった世界が実現するかもしれないのだ。

　さらに、こうしてラストワンマイルの人やモノの移動を最適化できるようになると、それらを利用するであろう、さまざまな業界のサプライチェーンを最適化するサービスまで提供できるようになるかもしれない。実際、トヨタはイオンと組んで、小売業界の物流最適化に取り組むことを公表している。また、ラストワンマイルにとどまらず、いすゞ自動車などと組んで、長距離トラックによる幹線輸送の最適化にまで手を広げようとしている。現在トヨタはTPS（トヨタ生産方式）コンサルティングを企業に提供し、主に工場の中のモノの動きや生産活動の最適化をサービスとして提供しているが、いず

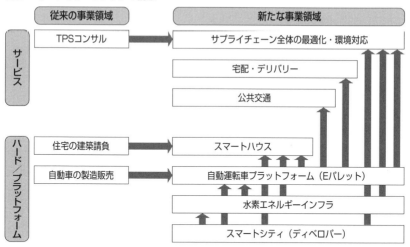

図表4　トヨタのウーブンシティ構想

| 従来の事業領域 | 新たな事業領域 |

サービス

TPSコンサル → サプライチェーン全体の最適化・環境対応

宅配・デリバリー

公共交通

ハード／プラットフォーム

住宅の建築請負 → スマートハウス

自動車の製造販売 → 自動運転車プラットフォーム（Eパレット）

水素エネルギーインフラ

スマートシティ（ディベロパー）

れはそれをサプライチェーン全体に広げていくことも視野に入れているのだ（図表4）。

　トヨタでさえデジタル革命の到来を機に、従来のものづくりだけでは将来はないと考えているのだ。そして、バリューチェーンを自らスクラップ＆ビルドし、自社の収益源をディベロパー、エネルギー、MaaS、スマートハウス、公共交通、物流、デリバリー、サプライチェーン最適化のコンサルティングにまで広げることを検討しているように見える。

2-2　競争優位性を解明する

■インテル・アーキテクチャラボ

　「価値が生まれるメカニズム」を理解するうえで知っておくべき重要な2つの概念のうちの、もうひとつが「競争優位性」である。

　まず最初に、皆さんには、業界の中で圧倒的な収益性をあげている企業を何社か頭の中にイメージしてみてほしい。トヨタ、キーエンス、ファナック、村田製作所、信越化学、ファーストリテイリング、ニトリなどの名前があがったのではないだろうか。あるいは、アップル、アルファベット（グーグル）、

マイクロソフト、インテルなどをあげた人もいるかもしれない。これら、業界の中で圧倒的な収益性をあげている企業は、必ずバリューチェーンの中に競争優位性が構築されている。しかし、それが何なのかは、意外に見えにくい。優れた創業者は、この見えにくい競争優位性にフォーカスを当て、徹底的に解明しようとする。そこで、以下では比較的わかりやすい企業の事例としてインテルを取り上げ、その競争優位性を考えてみたい。

　インテルはマイクロソフトとともに、パソコンのスタンダードを確立した企業で、パソコンの頭脳に当たるマイクロプロセッサを主力製品としている。インテルがマイクロプロセッサの世代を更新するたびに、パソコンに新たな機能が加わっていく。たとえば、前の世代では画像処理までしかできなかったのが、次の世代では動画を処理できるようになるとしよう。そうすると、関連する部材であるメモリ、ディスプレイ、ハードディスク・ドライブ、電源、ソフトウェアなどのプロバイダーが、一様に動画に対応できるよう自社の製品をバージョンアップすることが求められる。つまり、インテルがパソコンのバリューチェーン上にいる多くの企業の製品開発ロードマップを規定してきたのだ。

　こうした力を獲得できた背景には、どのような競争優位性があったのだろうか。ここで多くの人があげるのが、「インテル・インサイド」というブランディング戦略だ。パソコンメーカーにインテル・インサイドというシールを貼らせることで、「NECや富士通のパソコンである前に、インテルのパソコンでなければならない」というイメージを消費者の頭の中につくり上げることに成功した。

　このブランディングによってプラットフォーマーとしての地位を顕在化させたのは間違いないだろう。しかし、これが本当の競争優位性なのだろうか。いくらシールを貼らせようとしても、パソコンメーカーがそれを拒めば消費者の目に触れることはない。広告宣伝費の一部をインテルが負担したからとはいえ、NECや富士通が喜んでシールを貼ったとは思えない。むしろ、インテルに貼らされたといったほうがいいだろう。そうであるならば、ここで本当に問わなければならないのは、「なぜインテルにはパソコンメーカーにシールを貼らせる力があったのか」であろう。そこに答えないと、本当の競

争優位性を解明したことにはならない。こう考えてくると、ブランディング戦略の成功は競争優位性がもたらした結果であって、それ自体が競争優位性ではないことがわかる。真の競争優位性は、もっと目に見えにくい深層にあるのだ。

　筆者は、インテルが、インテル・アーキテクチャラボという研究所を立ち上げたことが、競争優位性につながったのではないかと考えている。この研究所は、半導体の研究ではなく、パソコンのアーキテクチャを研究しているところに特徴がある。インテルの創業者のひとりであるアンドリュー・グローブは、あるとき半導体のサプライヤーという立場から脱却し、最終製品であるパソコンのアーキテクチャをつくる企業に進化しようと考えた。そのためには、半導体のレベルで性能を最適化するだけでは不十分で、パソコン全体の性能を最適化するための知見を積まなければならないことに気づく。その着想が、インテル・アーキテクチャラボの立上げにつながっていったのだ。

　そこではソフトウェア基盤技術を開発するために、ソフトウェアエンジニアを1000人単位で採用したり、マザーボード（パソコンの中間製品）レベルで性能を最適化する研究を行った。自社を半導体のサプライヤーとして見ていたら、それほど多数のソフトウェアエンジニアを雇うなど選択肢にもあがらなかっただろう。しかし、あえてそこまで踏み込み、ソフトウェア基盤技術を整備したことで、インテルの規格に乗ってくれるソフトウェアハウスを増やし、アーキテクチャとしての価値を高めることに成功した。また、インテルがマザーボードを最適化して売りに出したことで、デルのような研究開発力を持たない企業でも、インテルからマザーボードを仕入れてパソコンを組立販売できるようになった。その結果、インテルのプロセッサの買い手であるパソコン業界に新規参入を促し、IBMやコンパックからバイイングパワーを削ぎ取ることで、インテルの圧倒的な収益性を実現したのだ。

■日露戦争で明治の日本人が見出した戦略上の要衝

　このように、真の競争優位性は表面からは見えにくい。しかし、きわめて具体的に特定でき、かつそれが価値につながる理由を合理的に説明できる。ここでは少し趣向を変えて、司馬遼太郎の『坂の上の雲』を題材に、日露戦争で当時の日本人が見出した競争優位性（軍事論での競争優位性）について

考えてみたい。ビジネスの世界でよく出てくる戦略や競争優位性といった概念は、もともと軍事論からきているものが少なくない。ビジネスには必ずライバルがいて、そこに勝たなければステークホルダーから価値を認めてはもらえないからだ。

　当時の日本とロシアの国力を比較すると、生産力ではロシアが日本の３倍、海軍の戦力では２倍の差があった。つまり、明治の日本人は２倍以上の規模の国と戦って勝ったのだ。それは決して運によるものではない。当時の日本人が競争優位性を考え尽くしたからこそ勝てたのだ。

　それでは、そこで見出した競争優位性とは何だったのだろうか。当時ロシアの海軍の戦力は、半分はヨーロッパのバルト海に停泊しており、バルティック艦隊と呼ばれた。残りの半分は太平洋側に配置され、太平洋艦隊と呼ばれていた。そこで日本側は、「バルティック艦隊が地球を半周して日本にくるまでに数ヵ月はかかるだろう。その間に太平洋艦隊と戦うことができれば、１対１の戦いができる」と考えた。そして太平洋艦隊に勝ったら、次はバルティック艦隊が日本に到着したときに、また１対１の戦いができると。しかし、そんなことは相手もお見通しで、ロシアはバルティック艦隊が日本に到着するまでの間、戦いを避けることを選択する。そして、太平洋艦隊は旅順港（中国遼寧省大連市）に入り込み、出てこなくなってしまった。加えて、その周りに鉄壁の要塞を建設し、陸上からの攻撃に備えたのだった。

　そこで日本は陸軍を使って旅順要塞を攻めることにした。このときの司令官が乃木希典だ。ここで乃木は正面突撃をかけ、いきなり5000人以上の死者を出してしまう。当時の旅順要塞には、発明されて間もない機関銃が大量に配備されていたからだ。それでも、乃木は懲りず２回、３回と正面突撃を行い、とうとう１万5000人の死者を出してしまう。東京の本部も「これはかなわん」と、ここに第二の司令官を送り込む。それが児玉源太郎だ。

　児玉は旅順要塞の外れに二百三高地という小山があることに着目する。そこを攻略できれば、その上から旅順港を見下ろすことができる。そこに大砲を引っ張り上げ、太平洋艦隊を攻撃できれば、鉄壁の旅順要塞と戦わなくても目的を達成できると考えたのだ。実際に二百三高地を攻めてみると１日で落とすことができた。そして、大砲で太平洋艦隊を全滅させることに成功

する。児玉はさらに次の打ち手として、二百三高地から大砲で旅順要塞を攻撃することを考えた。旅順要塞は正面からの攻撃には鉄壁の強さを見せたが、大砲で横から攻められると意外にもろく、あっという間に攻略に成功する。このケースのように、正面から攻めるとロシアに優位性が生まれるが、二百三高地から攻めると日本に優位性が移る。こうした戦略上の要衝の発見が一つ目の競争優位性になったのだ。

　次に、いよいよバルティック艦隊が地球を半周して日本にやってきたときも、明治の日本人は競争優位性を見出す。当時戦艦や大砲の数ではロシアが日本を上回っていた。そこで、日本は戦艦のスピードと火薬の燃焼力でロシアを上回ろうと考えた。下瀬雅允技師が考えた爆発的な燃焼力の「下瀬火薬」である。なぜ戦艦のスピードと火薬の燃焼力に着目したのだろうか。当時の海戦は、遠くから大砲の弾を撃ち合うような戦い方をしていたが、めったなことでは命中しなかった。そもそも１万メートル以上離れていたら大砲の弾が届かない。8000メートルぐらいまで近づいて、ようやく届くようになるものの、なかなか当たらない。3000メートルぐらいまで接近してようやく当たり始めても、弾が甲板を打ち抜いて船が沈むといったことは、よほどの幸運でもないと起こらない。どうせ当たらないのなら、弾がかすってくれるだけでもいい。それによって下瀬火薬が甲板上に燃え広がれば、その間、敵は攻撃態勢を取れなくなる。運よく敵の大砲が燃えてくれれば、船を沈めなくても攻撃力を削ぐことができる。そう考え、日本は戦艦のスピードを活かして接近戦に持ち込み、下瀬火薬を撃って燃やしまくるという戦い方をし、バルティック艦隊に圧勝したのだ。

　この例においても、競争優位性の源泉は表面からは見えにくいが、「二百三高地」や「下瀬火薬」のように、きわめて具体的に特定できることがわかる。しかも、それがなぜ勝ちにつながるのかを合理的に説明できるのだ。真の競争優位性を見出すことができれば、２倍３倍の規模の敵と戦っても勝てることを、明治の日本人は立証したといえよう。

■ミスミの設計思想

　日本企業の競争優位性の事例についても考えてみたい。ミスミはFA（ファクトリーオートメーション）と金型用の部品を販売する商社で、金属・プラ

スティック・ゴムなどの材料を使った部品の数は3000万点に及ぶ。売上高は3000億円を超え、営業利益率は10%と商社の平均水準を大きく上回っている。こうした高い業績をあげる背景にはどのような競争優位性があるのだろうか。ミスミのバリューチェーンを見ると、「標準品の製造販売」と「カスタマイズ」という前後2つのパートに大きく分かれている（図表5）。前半は多種多様な標準製品を品揃えし、ネットで検索可能にするとともに、売れ筋商品についてはベトナムに工場を持ち、自前で量産をはかっている。後半は、標準品だけでは満足できない顧客からカスタマイズの依頼を受け、見積もりや納期を回答するとともに、顧客に近い加工拠点でカスタマイズして届けるというものだ。

　ここで、あるところまでは標準加工し、あるところから先はカスタマイズを受け入れる分岐点に当たる設計上のポイントを「デカップリングポイント」という。ミスミの競争優位性は、多種多様な製品について、最適なデカップリングポイントを解明しているところにある。それは、デカップリングポイントが最適点から前後にずれたら何が起きるのかを考えてみるとわかる。デカップリングポイントが前にずれた場合、量産効果が働かなくなってコスト高になる。よくカスタマイズばかり受け入れて儲からなくなっている事業があるが、それはデカップリングポイントが最適点より前にずれていることを意味している。逆にデカップリングポイントが後ろにずれると、量産効果が

図表5　ミスミの競争優位性

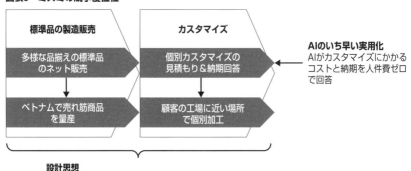

働いてコストは下がるものの、今度は顧客のカスタマイズニーズに柔軟に応えられなくなり、顧客を失うことにつながる。デカップリングポイントが最適点にあってはじめて、量産効果でコストを下げつつ、顧客のカスタマイズニーズに応えることもでき、売上もあがるのだ。

それでは、なぜ他社には同じことができないのだろうか。その理由はミスミの事業構造を見るとわかる。ミスミは商社であるものの、2005年に駿河精機というメーカーを買収しており、売れ筋商品は自社で生産する体制を構築している。このため、市場構造とコスト構造の両面が見えているのだ。デカップリングポイントの最適点を解明しようとすると、「このカスタマイズを受け入れるとどれだけコストが上がるのか、逆に断わるとどれだけの顧客を失うのか」といった形で、コスト構造と市場構造の両面を踏まえたシミュレーションが必要になる。商社業だけではコスト構造が見えず、メーカー業だけでは市場構造が見えない。その両方の機能を持つミスミだからこそ、それができたのである。

こうしてデカップリングポイントの最適点を割り出せれば、そこから先のカスタマイズニーズはある程度パターン化が可能である。そしてそれはAIをいち早く実用化することにもつながった。いまでは顧客のカスタマイズ依頼に対して、AIが人件費ゼロで見積もりと納期を回答し、ビジネスチャンスを刈り取ることもできるようになっている。これがミスミの第二の競争優位性でもある。

■**意外なことに、アナログ的なものになっていく**

ミスミの事例からも、真の競争優位性は表面からは見えにくくても具体的に特定でき、かつなぜそれが価値につながるのかを合理的に説明できることがわかる。そうした条件を満たすものだけが、真の競争優位性と呼ぶに値するのだ。今日、日本の大企業からは、「わが社の総合力」が競争優位性だという話を聞くことが多くなった。しかしそれは具体性に欠けており、なぜ「総合力」が価値につながるのかが、残念ながら合理的に説明できていない。デジタル化の波が押し寄せる中で、真の競争優位性を見出せずに苦心している様子が伝わってくる。

同様に、「IoT」や「AI」を競争優位性としてあげる会社も多いが、デジ

タル化とは、あらゆる企業がIoTやAIを使う時代になることを意味する。工業化の時代にすべての企業がエンジンやモーターを使うようになったのと同じで、単にそれがあるからといって、もはや競争優位性にはならないのだ。逆説的なようだが、デジタルの時代になるほど、真の競争優位性は意外にアナログ的なものになっていく。

　それを如実に表わしているのが、グーグルだろう。たとえば、グーグルの競争優位性は何だろうか。グーグルが検索エンジンの業界に参入したのは21番目だが、いまでは90%の市場シェアを奪取している。そこには圧倒的な競争優位性があったことになる。はじめてグーグルを使ったときに、抜群に高い検索性能を実感した人は多いのではないだろうか。グーグル以前の検索エンジンでは、関係のないホームページがたくさん引っかかってきたが、グーグルではそれがなかった。その背後にはページランクという、ホームページのランキングを行うアルゴリズムが存在する。ホームページに貼られているリンクの数を数えてランキングに反映させるという工夫を取り入れたことが、人間の肌感覚に合った圧倒的な検索性能を実現したのである。

　実はこのアイデアは、グーグルの創業者であるラリー・ペイジとセルゲイ・ブリンがスタンフォード大学でコンピュータサイエンスの博士課程にいたことと関係している。アカデミアの世界では、論文を書く際に、参照した他の論文をすべて明記するというルールがある。このため、多くの論文から参照されている論文ほど、さまざまな考え方の源流をつくった価値ある論文であるというものの見方が存在しており、参照される数が論文評価の目安になっている。グーグルの創業者の二人は、このアカデミアの世界に昔からあった「生活の知恵」ともいえる経験則を検索エンジンに応用したのだ。グーグルというデジタル時代の勝者の背後には、きわめてアナログ的な競争優位性があるといえる。

■アマゾンの「自動化倉庫」

　アマゾンが他のECサイトと戦って勝ち残った競争優位性も、意外にアナログ的なところにある。それがフルフィルメントセンター（自動化倉庫）だ。いまでこそ物流DXが世の中の流行りになっているが、アマゾンが事業を立ち上げた頃は、倉庫に投資するロジックがほとんどの人から理解されなかっ

た。「ヴァーチャルなビジネスモデルでコストを劇的に下げているのに、倉庫のような実物資産に投資すれば、経営効率が下がる」という批判が圧倒的に多かったのだ。アマゾンが倉庫投資に失敗して倒産するのではないかと真剣に心配する投資家もいて、アマゾンの株価は大きく値下がりした。

しかし、バリューチェーンをオペレーションレベルまで掘り下げて見てみるとわかるのだが、ヴァーチャルな販売はありえても、ヴァーチャルな物流などない。規模が小さいうちは在庫が足りなくなってから卸に注文してもすぐに届くが、販売量が大規模になってくると、「卸にも在庫があるかどうかわからないものを売ってしまっていいのか」という問題に直面する。メーカーや卸は在庫データをリアルタイムでは開示してくれないからだ。このため、売れ筋商品についてはまずモノを確保することが大量販売で儲けるための大前提になる。お金につながる売れ筋在庫を他社より先に押さえ、ローコストで管理することを可能にするものが自動化倉庫だったのだ。これもやはりアナログ的な競争優位性といえるだろう。

■ライバルがやりたがらないことに着目する

競争優位性というと、技術的に難易度の高いものをイメージする人もいる。しかし、実際に成功した企業を見ていると、それほど難易度は高くなくても、ライバルがやりたがらなかったから結果的に競争優位性になったものが多い。たとえば、サムスンが日本のエレクトロニクス企業に競り勝って新興国の市場を制覇したときの競争優位性がまさにそれだ。

新興国と一口にいっても、実際には宗教や文化、人種、経済の発展段階などがまったく異なる国の集合体だ。欧米のように、多数の国に分かれていながらも、古代ギリシア・ローマの伝統を受け継ぎ、キリスト教を信じる点で共通した人たちの集団とは異なる。このため、サムスンは新興国を攻略するにあたって、テレビだけでも1000種類のモデルを必要としたといわれる。しかし、1000種類のテレビをそのままつくっていたのではコストがうなぎ上りになってしまう。そこで、設計思想をモジュラー化することにより、一見1000種類のモデルがあるかのように見せながら、実は限られた数のモジュールを組み合わせてつくる方法を確立したのだ。ここではモジュラー型の設計思想が、ローコストで多品種少量の品揃えを可能にし、新興国におけるサム

スンの競争優位性を生み出したのである。このモジュラー化は、決して日本企業にできなかったことではない。むしろやりたがらなかったのだ。先にも触れたように、すり合わせ型かモジュラー型かという議論の中で、思想的・哲学的・美学的な理由でモジュラー化を嫌ったのだ。

　また、サムスンは国によって大きく異なる所得水準に適応するため、品質基準を複線化することにも踏み切っている。具体的には「体感不良率」というロジックを編み出し、その国で売れた製品の数を分母に、クレームの数を分子に取ったときに、その比率が一定の範囲内に収まっていればよしとしたのだ。すなわち、品質を絶対的・客観的なものとして捉えるのではなく、相対的・主観的なものとして見ようとしたのである。これによって新興国の価格水準に合った製品を他社に先駆け投入することに成功した。この品質基準の複線化がもうひとつの競争優位性になったのだ。これも、日本企業にできなかったことではない。思想的に受け入れられなかったのだ。「それがステークホルダーの価値につながるかどうか」という経営判断よりも、品質管理における哲学・思想・美学のほうが優先されてしまったのだ。

　このように、競争優位性になるものには、他社がやりたがらないこと、思想的に美しくないことや面倒くさいことが意外に多い。自社の中でも反対する人が出てくるようなもののほうが、競争優位性につながることが多い。先にあげたアップルのオープン・プラットフォーム戦略などは、ジョブズ自身が最後までやりたがらなかったことだ。しかし、そこに舵を切った瞬間から、アップルの企業価値の爆発的な成長が始まったのである。

2-3　市場構造・事業構造・収益構造のリンケージ

　ここまで「バリューチェーン」と「競争優位性」という、価値が生まれるメカニズムを理解するうえで重要な2つの概念について説明してきた。新たな事業価値を生み出そうと考えるなら、既存の業界バリューチェーンをスクラップ＆ビルドすることで、新たな競争優位性を構築することが近道になる（事業構造の転換）。優れた創業者は皆そこにフォーカスを当てているのだ。ただ、それだけではまだどんなステークホルダーにどのように価値を提供できるのかが鮮明に見えてこない。その点を解明するには、価値が生まれるメ

カニズムの全体像を捉える必要がある。次はそこに迫ってみたい。

■事業価値に直結する６つのファクター

　まず、事業価値とは何かについて考えてみよう。ファイナンスの教科書には、「その事業が将来にわたって生み出すであろう利益の総額（厳密にいうと、フリー・キャッシュフローを現在価値に換算したものの総額）」と書かれている。ということは、その事業が将来にわたって生み出す売上ポテンシャルと、コスト構造がわかれば、事業価値を算出できることになる（図表６）。次に、売上ポテンシャルを推計しようとすると、今度は市場構造を解明する必要がある。ターゲットとする市場はどこで、ターゲットとすべき顧客はどのような企業・人なのか。そこにはどのぐらいの市場規模があるのか。彼らにとって何が新たな顧客価値になるのか。それを実現するためには、製品のQCD（Quality、Cost、Delivery）をどこまで差別化する必要があるのか。それを提供できたあかつきには、顧客１社・１人あたりいくらの収入が得られるのか。少なくとも以上のような論点について仮説が置ければ、「Ｎ数×単価」といった形で売上ポテンシャルを試算することが可能になる。

　ここで、顧客に新たな価値を提供したり、製品のQCDを差別化しようと

図表6　事業価値が生まれるメカニズム

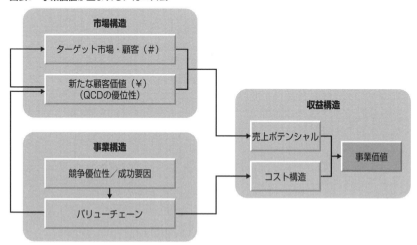

64

すると、次に考えなければならないのがバリューチェーンだ。バリューチェーンをどのようにスクラップ＆ビルドするのか。その中にどのような競争優位性を構築するのか。ここに仮説が置ければ、事業構造が決まってくる。そして、それがコスト構造を規定する形で、価値が生まれるメカニズムの全体像が完成する。図表6を見てわかるのは、事業価値に直接的な影響を与えているファクターが6つあるということだ。筆者が見てきた優れた創業者は、事業価値も含めてこれら7つの要素にフォーカスを絞っている。逆にいうと、それ以外の、価値につながらないファクターには時間を割こうとはしない。全エネルギーを市場構造・事業構造・収益構造のリンケージを考えることに集中しているのだ。

■事業価値を生んだニトリのメカニズム

　少し抽象的な話になったので、ここで具体的な話に戻したい。ニトリを例にあげ、価値が生まれるメカニズムを考えてみよう。家具・雑貨の製造販売を行うニトリは、売上高は8000億円超、営業利益率は17％と、小売としてだけでなく、メーカーとしても圧倒的に高い収益性をあげている。そこで、ニトリの市場構造・事業構造・収益構造のリンケージについて、大塚家具を比較参照しつつ見てみたい。

　図表7①は、縦軸と横軸に顧客のニーズを取り、顧客を2つのグループに分類した市場構造の図である。このような顧客のグルーピングをセグメンテーションという。図表7①を見ると、大塚家具がターゲットにしてきたのは、「世界中の幅広い家具の中からベストな選択をしたい、そのためなら多少価格が高くても構わない」という客層であったことがわかる。婚礼家具を買う人たちや、富裕層などがそれに当たる。一方、ニトリがターゲットにしているのは、「家具にはあまりお金をかけたくない。ただ、安かろう悪かろうでは嫌だ。何かイチオシ商品はありませんか」という客層である。ニトリは「お、ねだん以上。」商品を提供することで、こうした顧客を一気に惹きつけることに成功した。近年、マンションには造りつけのクローゼットがあり、婚礼家具として桐のタンスを買う人も減っているため、右上（第一象限）の客層が、どんどん左下（第三象限）に流出していった。それが大塚家具を経営難に陥らせた一方で、ニトリが爆発的な価値を生んでいる一つ目の理由

図表7　ニトリの市場構造、事業構造、収益構造

①市場構造

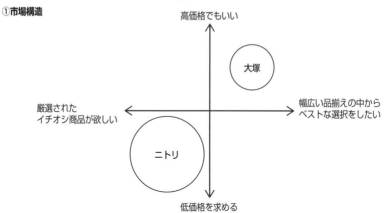

②事業構造

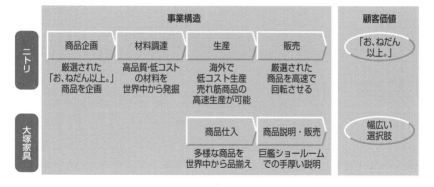

③収益構造

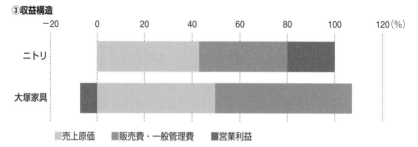

注：ニトリ2021年2月期、大塚家具2021年4月期

といえる。

　ターゲットとする客層が決まると、事業構造を考えることが可能になる。それが図表7②だ。大塚家具は、世界中の品揃えの中からベストな選択をしたい人たちがターゲットなので、その時点で自前で製造するという選択肢はなくなる。世界中の家具を仕入販売するというバリューチェーンになるのだ。ここで、大塚家具の競争優位性が巨艦ショールームであったことがわかる。有明本社ショールームは「国内最大級」といわれるほど、多くの家具が品揃えされていた。そこで一番いいものを選べば、自動的にベストな意思決定をしたことが保証されるのだ。大塚家具の提供する顧客価値は、顧客の最善の意思決定を支援することにあったといえよう。コンシェルジュが付いて回るスタイルを取ったのもそれが理由だ。

　これに対してニトリは、世界中の品揃えなど求めない客層をターゲットにしている。このため、商品企画から調達・製造・販売までを自社ですべてカバーすることが可能になった。顧客が求める「お、ねだん以上。」商品を自ら企画開発するとともに、それを可能にする安価で良質な材料の調達にも力を入れている。とはいっても、お手頃価格の家具はこれまでにもあり、かつては大規模ショッピングセンターの3階か4階にそうした家具売り場があった。しかし、それらはすべて淘汰されてしまい、いまではそこにニトリが入っている。とすると、ニトリにはショッピングセンターの家具売り場にはなかった競争優位性があることになる。それは何だろうか。いくら自前で商品を企画開発しても、それが売れる保証はどこにもない。下手をすれば在庫の山を築くことになる。しかし、ニトリはそうした状況には陥らず、ヒット商品を連打できている。それはなぜなのだろうか。

　ニトリは自社で商品開発、製造から販売までを行っているため、自社商品を店頭に並べてみることで、それが売れるかどうかを実証実験できる。ひとたび売れ筋商品が見えてきたら、自社工場で量産し、自社店舗でディスプレイして大々的に販売展開できるのだ。ショッピングセンターの家具売り場が、小売機能しか持たず、仮に売れ筋商品が見えてきても、メーカーが量産に応じてくれなければ回転売買できないのとは、雲泥の差である。実験を通じて売れ筋商品を発見し、量産・回転売買できるバリューチェーンになっている

ことが、ニトリの競争優位性につながったのだ。その威力は、ニトリの収益構造を見ればさらによくわかる。

　図表7③はニトリと大塚家具の収益構造を比較したもので、売上高を100%としたときの売上原価、販売費・一般管理費、営業利益の内訳を示している。これを見ると、売上原価でも販売費・一般管理費でも、ニトリのほうがローコスト構造になっていることがわかる。大塚家具に比べて家具の単価が圧倒的に安いはずのニトリは、単に安売りするのではなく、原価低減の努力によって大塚家具以上の粗利（約60%）を稼ぎ出していることがわかる。また、販売費・一般管理費も大塚家具より圧倒的に低く、それが20%近い営業利益率につながっている。ニトリの販売費・一般管理費率が低い最大の理由は、売れ筋商品を発見して量産・回転売買できるバリューチェーンを持っていることにある。同じ床面積であれば、商品が回転すればするほど固定費率が下がり、その分がすべて利益になる。ファーストリテイリングの創業者である柳井正は、「少ない種類の商品を回転売買するのが、もっとも経営効率がいい。その最たる例がアップルだ」という。アップルは同じiPhoneを世界中で量産・回転売買している。ニトリもその原理を使って爆発的な価値を生み出しているといえよう。

　さて、ここでニトリが価値を生むメカニズムを図表8に整理してみた。事業価値に直結する6つのファクターに、以下のキーワードがきれいに収まっていることがわかる。

◆ターゲット顧客：家具よりも旅行や服にお金をかけたい層
◆顧客価値：「お、ねだん以上。」商品
◆競争優位性：実験を通じて売れ筋商品を発見し、量産・回転売買する力
◆バリューチェーン：商品開発・調達・製造・販売までを自社でコントロール
◆売上ポテンシャル：売れ筋商品を回転売買することで売上を嵩上げ
◆コスト構造：独自のルートで安価で良質な材料を調達

　この事例から、市場構造・事業構造・収益構造の間には明らかなリンケージがあり、それを最適化できたときに、はじめて大きな価値が生まれることがわかる。

図表8　ニトリの「価値が生まれるメカニズム」

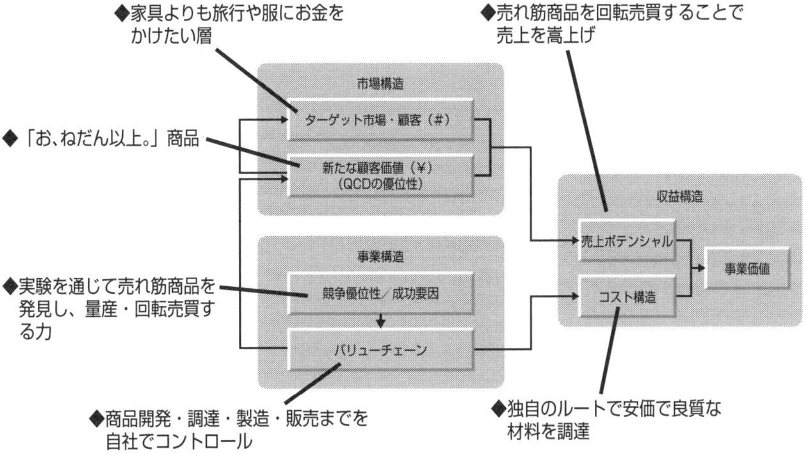

◆家具よりも旅行や服にお金を
　かけたい層

◆売れ筋商品を回転売買することで
　売上を嵩上げ

◆「お、ねだん以上。」商品

市場構造
- ターゲット市場・顧客（#）
- 新たな顧客価値（¥）
　（QCDの優位性）

収益構造
- 売上ポテンシャル
- コスト構造
- 事業価値

◆実験を通じて売れ筋商品を
　発見し、量産・回転売買す
　る力

事業構造
- 競争優位性／成功要因
- バリューチェーン

◆商品開発・調達・製造・販売までを
　自社でコントロール

◆独自のルートで安価で良質な
　材料を調達

■大塚家具の「失敗の原因」

　それでは、大塚家具はなぜ赤字に陥ったのだろうか。すでに述べたように、その原因のひとつは市場構造にあり、大塚家具の支持層が流出したことにある（図表7①参照）。それに加えて、もうひとつ重要な失敗の原因が、市場構造と事業構造のミスマッチだ。大塚久美子が社長になってから、ターゲット顧客を図表7①の右上（第一象限）から左下（第三象限）に切り替えた。しかし、事業構造は相変わらず巨艦ショールームを抱えたままの運営を続けたため、人がこなくなったショールームスペースを縮小し、貸会議室を入れるといった一貫性を欠く経営になっていった。これでは、世界中の品揃えを求める顧客にも、家具にお金をかけたくない顧客にも魅力的なバリューチェーンとは見えない。その結果、最後はヤマダデンキに吸収合併されてしまった。ターゲット顧客とバリューチェーンがミスマッチを起こすと、こうした状況になることが多い。

　お父さんの大塚勝久は、ターゲット顧客を図表7①の左下のゾーンに切り替えることに終始反対していたという。勝久は小さな事業を大きく成長させた経験のある創業者であるため、市場構造・事業構造・収益構造のリンケージが崩れることで、大塚家具がこうした結末に至ることを予見できていたの

ではないか。勝久はその後匠大塚を立ち上げ、引き続き右上の客層をターゲットにし続けた。このゾーンでは、婚礼家具にお金をかける人たちは減ってしまったものの、富裕層は逆に増えている。彼らが別荘を建てるたびに家具が一式必要になる。勝久はそこに着目し、新たなバリューチェーンを再構築しようとしてきたように見える。とはいっても、富裕層を囲い込むことは簡単なことではない。匠大塚は非上場企業なので、現時点で事業がうまくいっているのかどうかはわからない。

2-4 ファクター間の感応度

■感応度がわかれば、「価値の目利き力」が獲得できる

さて、ここまで優れた創業者が、価値が生まれるメカニズムをどのように見ているのか、すなわち市場構造・事業構造・収益構造のリンケージについて述べてきたが、読者の中には、「これってビジネスモデルキャンパスと何が違うの？」という疑問を持たれた方が少なくないかもしれない。ビジネスモデルキャンパスとは、アレックス・オスターワルダーとイヴ・ピニュールによって開発されたフレームワークで、「顧客セグメント」「顧客との関係」「チャネル」「価値提案」「主要活動」「リソース」「パートナー」「収益の流れ」「コスト構造」という９つの観点からビジネスモデルを構成する。これら９つの要素が市場構造・事業構造・収益構造の全体像をカバーするものであることは明らかだ。実際、「ビジネスモデルキャンパスのように、図表６の７つの箱にキーワードを入れればビジネスモデルが完成するんですよね」という質問をよく受ける。しかし、それで事業が立ち上がるのであれば、もっと多くの人が成功していていいはずだ。優れた創業者は、図表６の７つのファクターや、ビジネスモデルキャンパスの９つのファクターにだけフォーカスを当てているわけではない。彼らが真にフォーカスを絞っているのは、ファクターとファクターの間の「感応度」なのだ。

感応度とは、あるアクションが別のファクターに及ぼす影響度のことをいう。たとえば「バリューチェーンをこうスクラップ＆ビルドすれば、コスト構造はこう変わるだろう」とか、「バリューチェーンをこう変えれば製品のQCDはここまで差別化できるだろう」「その結果、顧客にこんな新たな価値

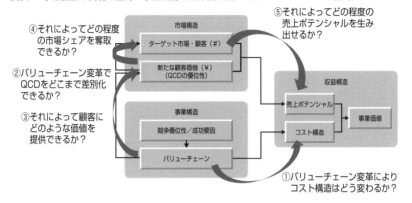

図表9　事業価値の目利き能力＝事業固有の感応度を踏まえたシミュレーション能力

④それによってどの程度
の市場シェアを奪取
できるか？

⑤それによってどの程度の
売上ポテンシャルを生み
出せるか？

②バリューチェーン変革で
QCDをどこまで差別化
できるか？

③それによって顧客に
どのような価値を
提供できるか？

市場構造
ターゲット市場・顧客（＃）
新たな顧客価値（¥）
（QCDの優位性）

事業構造
競争優位性／成功要因
バリューチェーン

収益構造
売上ポテンシャル
コスト構造
事業価値

①バリューチェーン変革により
コスト構造はどう変わるか？

を提供できるだろう」「それによってこの市場セグメントを攻略でき、この
ぐらいの売上ポテンシャルにつながるだろう」といったものだ（図表9）。
そして感応度がわかれば、何をすれば事業価値にどのぐらい影響するのか、
影響しないのかをシミュレーションする力、いわゆる「価値の目利き力」が
獲得できる。これがあってはじめて、リスクテイクに値する価値が生まれる
のかどうかを判断できることになる。

■本田宗一郎の目利き力

　本田技研工業の創業者である本田宗一郎は、こうした感応度を見抜くのが
名人のようにうまい人だった。それは、次の本田の言葉から読み取れる。

　「よそのメーカーがアンケートを取れば、ホンダのドリームみたいなスタ
イルがいいと出るに決まっている。案の定、うちとそっくりな角型が増えて
きた。パイプフレームでもいいのに、無理にプレスフレームに似せたものま
で出てきている。僕の場合は、パイプだと細工が多くなって重くなり、性能
が悪くなるからプレスにしただけのことだ。そこだけを真似たんじゃ、生産
量が違うんだから償却（固定費）も桁違いになる。うちの真似をしていたん
じゃ商売にならない。各自コストに見合うところで工夫するのが、本当のメー
カーといえる」

　ホンダが「ドリーム」という爆発的に売れたオートバイを出したあとで、
ライバルメーカーがそれに似せた製品を次々と出してきたのを見て苦言を呈

している一節である。ライバル社のオートバイのデザインを見て「お、ドリームの真似をしてきたね。いまなら角型のデザインがカッコよく見えるから多少は売上数量の増加につながるかもしれないけど、ドリームが圧倒的なポジションを取ってしまったあとで出してきてもたかが知れてるよね。一方で、角型のデザインのオートバイをつくるためには大型のプレス機械を導入しなければならないので、少々数量が伸びたぐらいでは回収しきれないほど償却費（固定費）が跳ね上がってるはずだよね。この会社のオートバイは赤字になってるね」と言っているのだ。

　ここからは、本田は他社のオートバイのデザインを一瞥しただけで、それが性能にどのような影響を及ぼし、市場でどのようなポジションを取るか、それを製造するためのプロセスがどうなり、それがコスト構造や売上ポテンシャルにどう跳ね返ってくるのかを瞬時にシミュレーションできていることが読み取れる。本田には図表9の市場構造・事業構造・収益構造のリンケージ、すなわち感応度が肌感覚で捉えられているのだ。なぜ本田にそれができたのだろうか。それは、「ホンダ一社だけでオートバイの見本市ができる」といわれたぐらい、無数のオートバイを試作したことによる。試作とは、感応度を解明するための仮説検証活動といっていい。デザインを少し変えてみることによって、性能にどのような影響が出るのか、それを製造するのにどのような設備が必要になり、コスト構造がどうなるのかなどが明らかになっていくのだ。

■2週間の高速加工能力が1兆円の売上につながる

　ファーストリテイリングの柳井も、感応度を解明することで爆発的な価値を生み出すことに成功した人だ。柳井がなぜ自分の会社の名前に「ファースト」という言葉を選んだのかご存じだろうか。柳井によれば、「ファーストフード」（食材の高速加工ビジネス）に由来し、「自分たちは洋服の高速加工ビジネス」を担っていることを表わしていると。つまり、「高速加工」が会社の名前に付けられるほど重要な意味を持つということなのだ。それでは、なぜ高速加工なのだろうか。

　柳井は顧客第一主義の人で、店頭に立って顧客の行動を観察することを早くから実践していた。そうしているうちに、「新聞の折込チラシを持って車

でやってきているにもかかわらず、何も買わずに帰っていく人が結構いる」ことが気になるようになった。折込チラシを持ってきているということは、何か買いたいものがあってきているはずだ。それなのに何も買わずに帰っていくのはなぜだろうか。それは、買いたいものが売り切れて欠品になっていたからだ。ここで並みの経営者であれば「残念だったね」で終わっていただろう。ところが、柳井は「自分には欠品が起こるメカニズムが見えていないのではないか」と考え、なぜ欠品が起きるのかを解明しにいった。

当時、アパレルの品揃えは多品種少量で、多様なデザインの服を少しずつ生産して棚に並べていた。しかし、需要サイドはそのように均一にはなってくれず、流行った服は爆発的に需要が生まれ、流行らなかった服は需要はゼロと激しい格差がつく。その結果、流行った服は瞬間蒸発し、そこから先はいくらお客さんがチラシを持ってやってきても売るものがない。このため、目の前に転がっている需要をすべて取りこぼしてしまう。欠品とは「残念だったね」で済むような話ではなく、自分たちは目の前にある需要の半分も取り切れていないのではないかということに柳井は気づいたのだ。さらに問題なのは売れ残った服のほうで、だれも買いたくない服が棚を占領してしまう。そうなると、せっかくお客さんが車に乗ってきてくれても、もう二度とこなくなる。

なぜこのようなことが起こっているのか。それは、当時商品を企画し、生地を生産し、洋服をつくって棚に並べるまでに半年も時間をかけていたことにある。半年前にデザインした服が売れるかどうかなど、ほとんどギャンブルの世界だ。そのため、だれしも外れるのが怖くて、リスク分散のために多品種少量の品揃えにしていたのだ。その結果、市場の需要との間に激しいミスマッチが生じていた。

そこで柳井は、仮に2週間で洋服を生産できればどうなるのかをシミュレーションしてみた。そうすると、いま街で流行っている服だけを量産し、目の前の需要をすべて刈り取ることが可能になる。また、流行らなかった服など最初からつくる必要もないので、買いたい服だけがあるお店を実現できる。これが「ファーストリテイリング」のコンセプトなのだ。柳井は市場構造と事業構造のミスマッチが、自社の収益構造にいかに悪さをしているかに

気づいた。そして、2週間の高速加工がそれを解消し、1兆円以上の売上につながるという感応度を解明したのだ。もし柳井がビジネスモデルキャンバスの9つの箱にばかり着目していたら、2週間の高速加工が1兆円以上の価値につながるなど気づきもしなかっただろう。箱と箱の間の感応度にフォーカスを絞ったことが、爆発的な価値創出につながる要因の発見を可能にしたのである。これも天動説を地動説に変えるぐらいのものの見方の転換といっていいだろう。

■情と理のバランス

本章の「ステークホルダーへのフォーカス」の項でも述べたように、創業者は社会全体を惹きつけるために、壮大なビジョンを掲げることが多い。しかも、それを絵に描いた餅で終わらせず、価値を具現化するための理屈の部分をしっかり持っている。情と理のバランスが取れているのだ。この理の部分が、市場構造・事業構造・収益構造の全体像を捉える力であり、感応度を踏まえて価値のシミュレーションができる力である。それによって、大きな価値につながるものが何かを目利きすることが可能になっているのだ。

リチャード・ブランソンは、「ヴァージン・グループは無限に進化していく」「われわれの前に広がっているのはヴァージン・テリトリーだ」といった壮大なビジョンを掲げ、多くのステークホルダーを惹きつけた。しかも、彼は風呂敷を広げるだけでなく、それを実現するための理の部分もしっかり持っていた。ブランソンは若者のアンメットニーズを満たすためのさまざまな事業を立ち上げながら、まったくの素人であるにもかかわらず、価値につながる感応度の高い要因を次々と解明していったのだ。

たとえば、レコード店を始めたときには、立地の選択が事業価値に大きな影響を及ぼすファクターであることに気づいている。ダウンタウンの真ん中ではなく、ちょっと外れたところに若者がたむろするスポットがある。そこにうまく出店できれば価値が生まれるのだ。このため、家賃交渉により最初の3ヵ月間はフリーレント（家賃無料の期間）を獲得することで、タダで適地かどうかを見極める実験に取り組んでいる。また、レコードは売り出して最初の時期が一番売上を伸ばせるタイミングであり、そこでは時間単位の回転率管理が必要であることにも気づいている。そこから売れ筋を発見し、徹

底的にプロモーションしてベストセラーに育てていくことで、大きな価値を実現できるのだ。

　ヴァージン・ミュージックという音楽コンテンツの会社を興したときには、バンドの目利きが価値につながると考え、それができる親戚の若者を連れてきてスターを発掘している。また、著作権の取り方が価値につながる感応度の高い要因であることにも気づいていた。バンドはすぐに解散するので、著作権はバンド単位だけでなく、個人単位でも取っておかなければならないことや、グローバルコンテンツが生まれたときが一番儲かるため、著作権は最初からグローバルに取っておかなければならないことを見出しているのだ。ブランソンは、気球で世界一周したり、ロケットで宇宙旅行をする冒険家でもあることから、やたらと風呂敷を広げている印象が強いが、実はここであげたように、価値につながる感応度の高い要因を目利きする能力にも優れているのである。

■小さな事業を大きくした経験がモノをいう

　筆者が出会った東南アジアの優れた創業者たちも、こうした感応度を体得した人たちだった。彼らは市場構造・事業構造・収益構造のリンケージを頭の中に描けていて、「この市場セグメントにはこのぐらいの成長性があり、そこを攻略するためにバリューチェーンをこう変えるべく、いまこんな投資をしている。それによってコスト構造や収益ポテンシャルはこう変わるだろう」といった形で、瞬時に事業価値への影響度をシミュレーションできていた。彼らは価値が生まれるメカニズムを7つの側面を持つ多面体として捉えており（図表9）、あるアクションが各側面にどのような影響を及ぼすのかをシミュレーションする力があるように見えた。

　こうした創業者たちは、なぜ市場構造・事業構造・収益構造のリンケージを解明し、感応度を肌感覚で体得できたのだろうか。それは、第1章でも触れたように、彼らが小さな事業を大きく成長させたことと深く関係している。ここでは、価値が生まれるメカニズムという観点から、この問題をもう少し掘り下げてみたい。

　小さな事業を成長させようとすると、まず自分で売りにいくところから始めなければならない。ソニーの井深が、まだ何に使われるのかもわからない

テープレコーダーを担いで市中を歩き回ったことを思い出してほしい。そうした経験を通じて、市場構造を肌感覚で把握していくのだ。次に、モノが売れ始めると、今度は供給が追いつかなくなり、工場側に回ってラインを動かすことに汗を流すようになる。それにより事業構造を深く理解する機会が得られる。そして、量産体制が整ってくると、今度は仕入れのためにお金が必要になる。そこで、経理側に回ってお金の調達に奔走したり、コスト構造を見直して、売上を利益に変えにいく。こうして収益構造に精通していくのだ。

　また、市場構造・事業構造・収益構造を横断的に経験することを通じて、図表9のファクター間の感応度を体得することが可能になる。「競争優位性」に関する項で、デカップリングポイントの最適点を解明したことが価値につながっているミスミの例を紹介したが、それが可能になった理由は、市場構造を把握する商社としての機能と、コスト構造を把握するメーカーとしての機能を両方兼ね備えていたことにあった。「設計をこう変えると、コスト構造にどう影響するのか、市場の需要にどう響くのか」。こうした市場構造・事業構造・収益構造のリンケージを逆算することで、もっとも感応度が高くなるデカップリングポイントを割り出すことが可能になったのだ。創業者は皆こうしたシミュレーションを通じて、事業固有の感応度を体得してきている。それが価値につながるものを感覚的に捉える動体視力の良さにつながっているのだ。

■大企業のリーダーのジレンマ

　こうした創業者たちの経験は、大企業のリーダーたちが歩んできたキャリアパスとは大きく異なる。大企業に就職した人は、営業・開発・製造・本社などの各機能別に配属され、その中を縦割りで上がっていく。このため、営業の人は市場構造のことはよく理解しているが、事業構造やコスト構造のことはあまり見えていない。製造や調達関係の人は、事業構造やコスト構造には精通しているものの、市場構造には疎いことが多い。本社の人は、収益構造はよく把握していても、市場構造や事業構造は間接的にしか捉えられていない。

　これは、経営理論が市場構造、事業構造、収益構造をそれぞれ個別に教えているのと共通する面がある。マーケティングは市場構造だけ、サプライ

チェーン・マネジメントは事業構造だけ、ファイナンスは収益構造だけを切り出して教える。視野を限定し、問題の構造を単純化して理解できるようにしているためで、わかりやすくはなった。そして機能別に問題を解決すればいいのであれば、経営理論は役に立つ。しかしそこからは感応度という概念が抜け落ちてしまうため、新たな事業価値の創出を考えようとする場合には役に立たない。2週間の高速加工が1兆円の価値につながることが見えなくなってしまうのだ。

　たとえばマーケティングでは、よく顧客のペイン（痛み＝お金を払ってでも解決したい問題）を発見して、新たなサービスを提供しようというアプローチを取る。しかし、既存のバリューチェーンを変えずにそれをやろうとしても、手間ばかりかかって儲からないことが多い。いろいろと検討した末に、結局儲からないから、だれも手を付けようとせず、ペインとして残っていたことに気づいて終わることが多い。先にあげた見守りポットなどがその例だ。そうならないためにはバリューチェーンのスクラップ＆ビルドを考える必要が出てくるのだが、マーケティング論の中にはその答えは見出せない。

　また、製造現場のカイゼン活動においても、「生産プロセスを変えることで、Ｘ％コストを下げられる」といった提案をよく見かけるが、それによってどのような顧客層、どの程度の市場シェアを奪取でき、いくらの売上増加につながるのかが語られていないケースが多い。コスト低減よりもリードタイムの削減のほうが顧客に刺さり、大きな売上増加につながりそうなケースでも、そうした可能性自体が検討の対象になっていない。それは事業構造とコスト構造だけを問題にし、市場構造とのリンケージが視野に入れられていないからだ。そうならないために、市場構造・事業構造・収益構造の全体像を捉えようとすると、今度は感応度を把握する必要が出てくるが、わかりやすさを追求して視野を限定する経営理論にはそれを扱う術がない。

　創業者の中には、ビジネススクールの経営理論を嫌う人が多いが、その理由はここにある。彼らには部分最適な議論にしか見えていないのだ。ビジネスとは大きな価値につながる感応度の高い要因を見抜くゲームのようなものであり、視野を狭めてわかりやすくしたからといって価値が生まれるわけではない。もしそうだとすれば、だれもが起業に成功しているはずだ。

いま、時価総額ランキングを見ても、急成長している企業はキーエンス13兆円、ソフトバンクグループ10兆円、ファーストリテイリング９兆円、日本電産（現ニデック）６兆円といった具合で、創業者の影響力が大きい企業が目立つ。その背後に、価値が生まれるメカニズムの全体像を捉える眼力があることは間違いないだろう。

■すべてのステークホルダーの納得を得る

　ソニーや日立などのように、関連会社のトップを親会社の経営者として呼び戻すケースが増えているのは、こうした事情と無関係ではない。小さな事業において市場構造・事業構造・収益構造の全体をマネジメントした経験のほうが、大きな事業の一部をマネジメントした経験よりも、事業価値の目利き力に直結するからである。いま、デジタル化によって経営環境が大きく変わったことにより、ステークホルダー間のベクトルが一致しなくなってきている。顧客は製品やサービスの安定供給を求める一方で、物言う株主からは「儲からない事業は売却するか、撤退せよ」という要求を突きつけられる。あるいは、顧客や株主は大胆なデジタル化の推進や、バリューチェーンのスクラップ＆ビルドを求めてくるが、社員や既存のサプライヤーはそれに抵抗するといった話をよく聞く。

　図表10を見ればわかるように、立場の異なるステークホルダーはそれぞれ違うものを経営者に求めてくる。株主は収益構造の中の「事業価値」を飛躍的に成長させることを求める。一方で顧客は、経営者が自分たちにどんな「新たな顧客価値」を提供してくれるかに関心を持つ。社員やパートナー企業は、経営者がバリューチェーンを変革していく中で自分たちの活躍の場が維持され、さらに広がっていくことを求める。

　かつての、大量生産・大量物流・大量消費といった工業化のビジネスモデルが価値を生んでいた時代には、ステークホルダー間の利害は自然に一致し、経営者は普段ステークホルダーを意識することなく社内のマネジメントに集中できた。しかし、ひとたび既存のビジネスモデルが価値を生まなくなると、とたんにステークホルダー間のベクトルが合わなくなる。このため、すべてのステークホルダーを納得させるには、経営者の側からステークホルダーに働きかけ、「これが皆にとって、もっとも価値を生むやり方なのだ」と説得

図表10　ステークホルダー間の利害は必ずしも一致しない

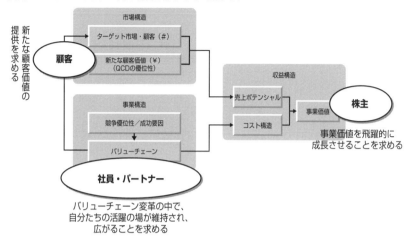

することが必要となる。そこで、価値の目利き力が試されることになる。

　ソニーの吉田憲一郎は、そうした力を持つ経営者の一人だ。吉田は2000年に子会社のソネット（現ソニーネットワークコミュニケーションズ）に自らの意思で出向し、社長に就任した2005年以降の9年間は経営に携わり、東証マザーズへの上場も果たした。「事業の立上げから成長、拡大、あるいは撤退までかかわることは、リーダーとして非常に貴重な経験になる」と述べているように、吉田も小さな事業を大きくした経験を通じて、価値の目利き力を獲得したのだ。

　その後2013年にソニーのCFOとして呼び戻される。当時は、エレクトロニクス事業の再建が最大の課題となっていた時期だ。そこで、吉田は事業部ごとの業績を株主に対して開示することにより、各事業部のリーダーたちに直接株主への説明責任を果たさせるよう仕向けた。こうして、彼らのフォーカスを社内からステークホルダーに転換させたのだ。かつて迷走していたソニーが、いま史上最高益をあげるまでに復活してきたのは、アップルのような創造的なプラットフォームをつくったからではなく、エレクトロニクス業界のバリューチェーンを抜本的に変革したからでもない。ソニーが持つエレクトロニクス、ゲーム、半導体、音楽、映画、金融などの多様な事業一つひ

とつについて、市場構造・事業構造・収益構造のリンケージを解明し、価値に直結する感応度の高い要因を発見することで、事業価値を生める状態にブラッシュアップしてきたからなのだ。そこにおいて、吉田の価値に関する目利き力がフルに発揮された。そうした力が評価され、吉田は2018年にソニーの社長に就任する。

　こうした力があったからこそ、サード・ポイントという物言う株主が半導体事業を売却せよと迫ってきたときに、それを押し返すことができたといえる。半導体事業は他社よりもソニーが経営したほうが、より事業価値が高まることを吉田は立証してみせたのだ。そしてその結果が、ソニーがホンダとのコラボレーションにより次世代自動車に参入するという今日の話につながってきている。そこでは、自動運転のためのセンシングシステムにおいて、ソニーの半導体技術が活かされる構想になっている。こうした力のある人だけが、これからの時代において、すべてのステークホルダーを束ねることができるのだ。

■思想が持つ力

　人類の進化の歴史をさかのぼっていくと、７万年前に一つの転換点があったことがわかっている。認知革命と呼ばれるもので、この時期に人間は「思想を操る力」を獲得したらしい。それがその後の人類の発展にどのような影響を及ぼしたのだろうか。人間は猿やライオンと同様に群れをつくって生活する動物であるが、研究者の調査によれば、動物の脳の容量と、群れの数とは正比例することがわかっているという。脳の容量が大きい動物ほど、より多くの群れをマネジメントできるということだ。そうした観点から見たときに、人間がマネジメントできる群れの最大規模は、150人になるそうだ。これはちょうど顔と名前が一致する規模といっていい。「お、○○君、元気にやってるかい」と言って肩をポンポンと叩く。こうしたマネジメントスタイルで管理できる上限が、150人程度と言い換えることができる。しかし、実際には人間は何万人、何十万人の人をコントロールし、大規模な組織活動を行っている。それを可能にしたのが「思想を操る力」なのだ。同じ思想を多くの人と共有することで、彼らのベクトルを合わせることが可能になり、信頼関係や協業が成立する。そして、大規模な事業経営ができるようになるのだ。

本田宗一郎は、市場構造・事業構造・収益構造の最適なリンケージを見出し、多くのステークホルダーにとっての価値を生み出すことを、「思想を持つ」と表現した。そして、周囲の人たちに「技術屋は思想を持たなければいけない」と説いて回った。本田にとっての技術屋とは、単に技術的な問題を解決する人ではなく、ステークホルダーを束ね、社会にとって価値を生み出す存在であったのだ。思想を持つことによって軸がぶれなくなり、ステークホルダーからのどんな要求に直面しても、「このやり方が皆さんにとってもっとも価値を生む方法なんです」と言い切って説得ができる。思想がなければ、声の大きなステークホルダーに振り回されることになる。あっちから押されてこっちに流され、こっちから押されてあっちに流されといった経営者では、ステークホルダーからの信頼は得られない。

　第1章の冒頭で、従来のリーダーシップ論が通用しない場面が増えてきていることに触れた。自社の思想を多くの社員と共有し、彼らのやる気を引き出し、指導育成にも注力するといった、教科書に出てくるようなリーダーシップが、必ずしも成功につながらなくなってきているのだ。それは、先人がつくった工業化の時代の思想が賞味期限切れになり、もはや価値を生まなくなっているからにほかならない。デジタル化の時代に合った新たな思想が求められているにもかかわらず、それを見出せていないことに原因がある。この問題を解決するには、本田がいう思想を持つ力、すなわち市場構造・事業構造・収益構造のリンケージを解明し、価値につながる感応度の高いファクターを見出す力が必要とされる。そうした能力を獲得する方法はあるのだろうか。それとも「それは生まれながらのセンスによるもので、意識して習得しようとしても無駄だ」とあきらめざるをえないのだろうか。次はこの問題について考えてみたい。

■感応度を把握する方法

　ユニクロの柳井が「2週間の高速加工が1兆円以上の価値につながる」ことを見出したように、価値につながる感応度の高い要因を見出す力が重要になるのは、実はビジネスだけの話ではない。

　たとえば、美術館で印象派のクロード・モネの睡蓮の絵を見ながら、少しずつ後ろに後退していくと、ある距離に達したときに、突然絵が立体的に浮

かび上がり、リアルな実像のように見える瞬間を経験できる。これは画集や写真を見るだけではわからない現象で、実物の絵を見ると確実に体験できる。おそらくは、ある距離から見たときに、脳が絵の描写をリアルな実像と混同し、目の錯覚をもたらすのだろう。８Kや12Kの大画面に等身大の人物を映したときにも、そうした錯覚が起こるらしい。脳は、はじめてものを見るときには、目から入ってくる刺激をすべて把握し、それが何かを理解しようとする。しかし、２回目以降に見たものは、最初に見たときの記憶を思い起こし、それと違う刺激だけを取り入れ、それ以外の情報は捨てていると考えられている。これは、脳にかかる負荷を軽減するために動物が獲得してきた機能であり、その結果、２回目以降は現実の世界を見ているというよりは、過去に見た記憶の中の像を見せられているといったほうがいいようだ。モネは、こうした認識の原理を応用し、ある距離に入ったときに、目の錯覚が起こり、脳が過去に見た本物の蓮池の記憶を見せるように、絵の大きさや描写の仕方を工夫したと思われる。絵画において価値につながる感応度の高い表現法を見出した一例といっていいだろう。

　では、モネはセンスだけに頼って、突然こうした絵を描き始めたのだろうか。とてもそうとは思えない。ある時期、人間の認識のメカニズムに気づき、目の錯覚を引き起こす表現法について、さまざまな試行錯誤を繰り返したのではないだろうか。自分の描いた絵を鑑賞者の立場で見てみて、それがどのような効果を生むのかを検証したとしか考えられない。当時は写真が普及し始めた頃で、正確に描写しただけの絵画では、もはや写真に勝てないという問題に直面していたことから、人間の認識のメカニズムに解明の光が当たったのだろう。同じ印象派のセザンヌも「リンゴ」を立体的に浮き上がらせる絵を何枚も描いている。

　音楽の世界でも同じような例をあげることができる。筆者はよくマーラーの交響曲をさまざまな指揮者の演奏で聴き比べる。グスタフ・マーラーは複雑な構成の交響曲を書いた作曲家で、メロディアスでありながらパーカッシブ、複数のメロディが同時進行する対位法を駆使し、楽器同士の複雑な掛け合いや、波長の異なるメロディの組み合わせ、長調と短調の入替などを巧みに使った表現を行う。楽器の能力を最大限に引き出すために、普通の作曲家

が使わないような音域を用いたり、引用されたメロディを組み合わせたコラージュ技法を得意とする。複数の楽器の音色やメロディがカクテルのように入り交じる中から、ある種の世界観を表出させようとしているように感じられ、指揮者が替わると、違った曲に聴こえるところに面白みがある。

　その中で、クラウディオ・アバドやサイモン・ラトルの指揮するマーラーの交響曲は、聴かせる楽器、抑える楽器のメリハリを巧みにつけることで、音楽に遠近感が生まれ、立体的に聴こえる。次元が一つ増えたような印象を受けるのだ。暗譜で（楽譜を見ずに）指揮するアバドやラトルは、それだけリアルタイムに、聴こえてくる多数の楽器の音に意識を集中させ、楽器と楽器の強弱やコントラストのつけ方を工夫することで、それが立体的に聴こえるように楽曲をまとめていると考えられる。これも、音楽において、価値につながる感応度の高い演奏法を見出した事例に思える。絵画のモネ同様に、アバドやラトルもセンスに頼って自然にこうした指揮を始めたわけではないだろう。楽器と楽器のコントラストのつけ方を微妙に変えてみながら、それが聴き手に対してどのような効果を生むのかを繰り返し検証してきた結果ではないか。これは、本田宗一郎が無数のオートバイを試作しながら、市場構造・事業構造・収益構造のリンケージや感応度を解明していったことと共通する。

　従来の経営理論には、この感応度という概念が欠けている。市場構造、事業構造、収益構造に分けたうえで体系化しているため、それらの間のリンケージが抜け落ちてしまうのだ。たとえるなら、それは空手の「型の練習」に似ている。型は、体の一連の動きを「突き」や「蹴り」に分解し、それぞれを学ぶが、実戦においては、突きや蹴りを組み合わせ、相手を欺くことが求められる。具体的には、「突きを繰り出して相手の意識を顔面の防御に向けておいて、膝や脇腹に蹴りを入れる」といったことだ。突きや蹴りの組み合わせがどのような効果を生むのかを理解しようとすると、型の練習だけでは限界があり、実戦形式の乱取りを繰り返す必要がある。つまり試行錯誤や仮説検証というアプローチだ。本田の試作や、モネ、アバド、ラトルらがやってきたことも、これに当たる。スポーツや芸事に親しんできた人なら、試行錯誤を通じてコツを掴んだ経験があるのではないか。理論を学んだだけで上達

したという人はいないだろう。それでは肌感覚を得ることはできないからだ。ビジネスにおいて価値の目利き力を獲得するのもそれと同じなのだ。

■仮説検証が価値の目利き力の獲得につながる

では、感応度とは、どうしたら体得できるのだろうか。それは、各事業に固有のものであり、自分で解明していかないと見えてこない数値だ。このため、それらを把握しようとすると、まず仮説を立てるところからスタートしなければならない。たとえば、「バリューチェーンをこう変えればQCDにこんな影響が出るはずだ」「QCDをここまで差別化できれば、顧客にこんな価値が生まれるのではないか」「それによってこの市場セグメントを攻略し、このぐらいの売上ポテンシャルにつながるだろう」といった仮説である。仮説さえ導き出せれば、コスト構造に詳しい人、技術に詳しい人、顧客の意思決定者などに会って、自分の仮説をぶつけて相手の反応を見ることで、感応度をうかがい知ることができる。

ただ、仮説を立てようとすると、未知の世界に足を踏み入れる必要が生じる。そこに敷居の高さを感じる大企業のリーダーは少なくない。彼らは、事実をきっちり調べて現状分析を行い、課題や要件を整理することを得意とする。それは、経営者の意思決定のお膳立てをするのが役割であり、それによって評価されてきたからだ。しかし、これらはすべて既知の世界の話であり、時間をかけて調べれば多くの人が同じような答えにたどり着ける。既知の世界の話をしている限り、間違うリスクは少なく、経営者の前でも安心してプレゼンができる。そして、「現状のバリューチェーンはこうなっている」という調査結果を示すところまでは到達できる。だが、既知の世界にとどまっている限り、新たな価値の創出にはつなげられない。

価値につながる感応度を解明しようとすると、未知の世界、未来に踏み込んで「バリューチェーンをこうスクラップ＆ビルドすれば、こんな新たな価値が生まれるだろう」というところにまで仮説を差し込む必要がある。ところが、そこには正解などない。神のみぞ知る世界だ。そうした未知の世界において仮説を語ろうとすると、常識人からは「何をバカなことを」と言われるリスクを取らなければならない。大企業のリーダーにはそれが心理的圧力になるのだ。創業者は、そんなことに怯むことはない。イーロン・マスクは

「火星に人類を送り込む」と公言してはばからないほどだ。

　そこで、次節では既知の世界から未知の世界に視点を移すための考え方について述べていきたい。

3. 未知の世界に解を求める

3-1 仮説検証の実践

■未知の世界を探索する方法

　従来、大企業のリーダーたちが学んできたのはロジカルシンキングだ。これは、現状を正確に把握し、問題をクリアに定義できれば、唯一の解が導けるというアプローチであり、まず最初に着手するのは、グーグルを使ってサーチをかけたり、関係者を集めてブレインストーミングを行うなどの、情報の洗い出しである。そして、ホワイトボードに書かれた情報を整理分類して問題を定義し、解を導く。この方法は、決まったプロセスに沿って進めていけば確実に答えが出てくるという点で安心感がある。また、既存のビジネスモデルが価値を生み続けている間は、効率的な問題解決につながった。

　しかし、デジタル化によって既存のビジネスモデルが価値を生まなくなり、新たなビジネスモデルを考え直さなければいけない時代には、とたんに通用しなくなる。というのは、グーグルの検索から得られる情報、ブレインストーミングでホワイトボードに書き出される情報は「既知」の世界の話であり、それらに基づき問題を定義してみても、既知の解しか得られないからだ。すなわち、5を10に成長させることはできても、0から1を生むことには対応できない。既知の世界に解があるぐらいなら、とっくにデジタル時代の新事業が次々と立ち上がっているはずだろう。いまの時代を生き抜こうとするなら、未知の世界にフォーカスを合わせることが不可欠。本当の問題、本当の解は、ホワイトボードに書かれなかったことの中にあるのだ。

　未知の世界を解明するときに役に立つのはロジカルシンキングではない。そこに時間を割いても、解のないところを掘り返しているだけだ。代わって必要になるのが、仮説検証というアプローチである。そこでは、「業界バリュー

チェーンはこのようにスクラップ＆ビルドされていくのではないか」「それによってこんな新たな顧客価値が生まれるのではないか」「それによって収益構造はこう変わり、このぐらいの事業価値が生まれるのではないか」といった、未知の世界に切り込む仮説が必要になる。未来に対してイマジネーションを広げることが重要なのだ。そして、ひとたび仮説が出てきたら、次はそれを検証に移す。未知の世界に関する仮説に対して意味のあることをいってくれそうな人たち、まだ世の中に出ていない希少な情報が集まる人たちに会いにいき、仮説をぶつけて相手の反応を見るのだ。そうすると、仮説が刺さったときには相手の反応がガラッと変わり、自分の知らないことを次々と話してくれるようになる。さらには、相手自身も気づいていなかったことに視線が注がれ、新たな問いや仮説が浮かび上がってくることもある。そこから未知の世界が解明されていくのだ。そしてここでは、フットワークのよさ、軽さも重要になる。このように、イマジネーションとフットワークがあれば、未知の世界を解明できるのだ。

　ところで、筆者はしばしば、「まだ世の中に出ていない情報が集まるような人たちに、どうすれば会ってもらえるのか」という質問を受ける。そんな凄い人たちに「１時間だけヒアリングさせてください」といった依頼をいきなり投げかけても、相手も忙しい中で断られるのがオチという懸念があるのだ。ここで重要になるのが、仮説が面白いかどうかである。面白い仮説を前面に出して面会を申し入れれば、意外に会ってもらえることが多い。さまざまな情報が集まる「業界のインサイダー」といわれる人たちは、実は自分たちも日頃から未知の世界に関する仮説検証を実践している。それゆえ、面白い仮説を持った人には優先的に会ってくれる。既知の世界の話をするのでは、相手は面白みを感じず、会ってはもらえないだろうが、未知の世界は神のみぞ知る領域であり、何が正解なのかはだれにもわからない。常識人からは「何をバカなことを」と言われるような仮説であっても、検討してみるに値することが少なくないのだ。だからこそ、業界のインサイダーと呼ばれる人たちはそこにフォーカスを当て、自ら仮説検証に取り組んでいる。それによって、仮説検証を試みた人だけが得られる情報を獲得でき、未知の世界が解明されていくからだ。このため、未知の世界に関して面白い仮説を出せる

人は、業界のインサイダーたちと会えるようになり、自然と人脈が広がっていくものだ。

　それは企業も同じだ。たとえばソフトバンクは、携帯電話事業だけに依存していては成長性が限られるため、IoTの事業化に向けた仮説検証活動に会社をあげて取り組んでいる。さまざまな業界の雄といわれる企業にアプローチをかけ、「IoTを応用することで、この業界のバリューチェーンがこう変わるのではないか」といった仮説を持ち込み、それに対する反応を見ることで、業界のインサイダーのみが知りえる情報を引き出そうとしている。未知の世界のバリューチェーン変革に関する話であれば、聞いてみたいと思う人も出てくるもので、ある業界のインサイダーは、「ソフトバンクの人たちは毎回違った仮説を持ってくる」と話している。このようにして、未知の世界に差し込んだ仮説を通じて業界人脈を広げるとともに、その業界固有の感応度を把握し、価値につながるIoTの活用法を発見しようと考えているのだ。

■AIは将棋の戦い方をどう変えたのか

　将棋の世界では、AIが出てきたことによって戦い方が大きく変わったといわれる。従来は定跡に照らして打ち手の「筋の良さ」を判断していたように、定跡という既知の経験則をよく知る者が勝つというゲームを戦っていた。ところが、AIによって打ち手の評価点が出てくるようになったことで、定跡として信じられていたことが実は正しくなかったり、かつては筋悪と考えられていた打ち手が、意外な効果を生み出すことがわかってきた。いまでは多くの棋士が定跡に頼らずAIを使って最善手を研究するようになり、その結果、面白い変化が生まれている。

　AIの示す最善手は、プロであればだれもが研究しているため、双方が最善手を打ち続けている限り勝負はつかない。そこで渡辺明名人は、ここぞという場面で、AIの示す最善手ではなく、3番手・4番手の打ち手を指すという。それにより一時的に評価点は悪くなるものの、相手が研究していない局面に引きずり込むことができ、その後の展開を有利にできるのだ。この話からは、AIの時代に「勝つ」とはどういうことなのかを考えさせられる。AIという手段によって、経験則に頼らなくても、未知の世界を短時間で探索できるようになり、それを利用して、未知の世界をだれよりも解明した者

が勝つというゲームに変わったのだ。

　ここで重要なのが、AIの評価点が下がるような打ち手、すなわち「筋が悪い」と言ってだれもが切り捨ててしまうような打ち手の中にこそ、勝ちにつながる手掛かりがあるという点だ。だれもがいいと考えるようなことから希少な価値が生まれることは期待しにくい。その裏をかくことから勝機が生まれるのだ。ビジネスの世界においても、グーグルによって情報検索が容易になった一方で、だれもが同じような情報を集め、同じような結論を導く時代になった。しかし、そのような、だれもが思いつく選択肢に勝ち筋はない。いまわれわれがすべきなのは「DXの他社事例調査」ではなく、「何をバカなことを」と言われるような仮説にまでイマジネーションを広げてみることだ。そこから「面白い仮説」が生まれてくる。

　ここで、大企業のリーダーからは、「あまり検討の幅を広げすぎると収拾がつかなくなるから、早めに選択肢を絞ったほうがいいのではないか」という質問が返ってくることが多い。確かに、既知の世界に解があるような問題を解く場合であれば、その考え方は無駄な議論の発散を減らし、効率的なプロジェクト運営に寄与することが多い。しかし、未知の世界に解を求める場合には、発想を180度変える必要がある。言い換えると、天動説を地動説に変えるぐらいのマインドセットの転換が求められる。近年、リーダーに求められる資質として、「不確実性と対峙する力」をあげる人が増えているのはここに理由がある。イーロン・マスクは、子どもの頃から未知の世界に関心を持ち、SF小説や科学、哲学、宗教に関する本を読み漁ったという。それが、「人類を救う」といった問題の解決策を、無駄とあきらめずに考え抜く力になっているのは間違いないだろう。

■どうやって未知の世界に仮説を立てるのか

　そうはいっても、「未知の世界に仮説を立てるなど、どうやればできるのか」というのが、多くの人が感じる疑問だろう。まったく根拠のないことを夢想してみても、それが新たな価値の創出につながることはないだろう。ただ、何の手掛かりもないのかというと、そうでもない。新たな事業価値を生むことが目的なのであれば、仮説の立てどころは図表9の6つのファクターとその感応度（リンケージ）に絞り込むことができ、その中で、現在の業界

バリューチェーンがどうなっているのかは調べられる。そこがスタートラインになるのだ。既知の世界の話はできるだけ早く調べ上げ、そのうえで未知の世界に仮説を広げにいく。デジタル技術を使って業界バリューチェーンをどうスクラップ＆ビルドできるのか、ありとあらゆる可能性を考えてみるのだ。「何をバカなことを」と言われそうなものにまで発想を広げてみる必要がある。

その際、肝となるのが、どこで、だれが、どのぐらいの人手と時間をかけて、何をやっているのかを、オペレーションレベルまで掘り下げてバリューチェーンを解明することである。それによって「AIを使ってここをスクラップして、浮いた資源をこっちにビルドすれば、新たな付加価値が生まれるのではないか」といったアイデアが自然に浮かんでくるようになる。本田宗一郎が無数のオートバイを自分の手で試作してみた理由のひとつが、ここにある。

第2章2節2項（競争優位性を解明する）では、アマゾンの自動化倉庫が競争優位性になったことを紹介した。ジェフ・ベゾスも本田宗一郎と同じように現場主義の人だ。実際に商品の仕入れや在庫管理、梱包から発送までを自分の手で行い、ECのバリューチェーンをオペレーションレベルまで解明したことを通じて、卸が在庫データをリアルタイムで開示してくれないため、在庫があるかわからずに大量に販売してしまうリスクがあることに気づく。そして、売れ筋商品の在庫を占有し、ローコストで管理する自動化倉庫が競争優位性になることを見出し、卸をスクラップする結果につながっていった。

こうしたバリューチェーンのスクラップ＆ビルドのアイデアが出てきたら、次はそれが他のファクターに及ぼす感応度について仮説を具体化・定量化していくのだ。「バリューチェーンをこうスクラップ＆ビルドすれば、QCDをここまで差別化でき、顧客にこんな新たな価値を提供できるのではないか」「それによって、こんなターゲット市場・顧客を攻略できるだろう」「その結果、このぐらいの売上ポテンシャルにつながるだろう」といった具合だ。

仮説を定量化するには、さまざまな数値を調べなければならないが、その数字は、最初からすべてが手に入るわけではない。そんなときに役に立つのが「フェルミ推定」という考え方だ。フェルミとは、ノーベル物理学賞を受

賞した天才物理学者で、原爆を生み出したマンハッタン計画においても重要な役割を果たしたエンリコ・フェルミのことだ。フェルミ推定とは、調査によって計測することがむずかしい数値を、いくつかの手掛かりをもとにアプローチし、短時間で推定値を導くことをいう。最初は推定値でも構わないから、数字を用いてシミュレーションしてみることが重要なのだ。それによって感応度に関する手掛かりが得られるからである。

■イーロン・マスクの未知の世界に向けた仮説

マスクは、民生用の技術とサプライチェーンを活用し、既存のバリューチェーンをスクラップ＆ビルドすることで、ローコストでのロケット製造が実現できるという仮説を立てた。それによって火星に人類を送り込むことが可能になり、環境破壊や戦争などから人類を救うという壮大な価値の創出が実現できると考えたのだ。そして、マスクはロケットのコスト構造を調べるためにロシアに足を運び、中古のICBM（大陸間弾道ミサイル）を買おうと試みた。しかし、相手が足下を見て高値をふっかけてきたことに腹を立て、自前でロケットをつくろうと決断する。そして、帰りの飛行機の中では、パソコンのスプレッドシートにロケットのコスト構造の推定値を入力し、性能特性までシミュレーションし始めていたという。

その後、TRWスペース・エレクトロニクス社でロケットの開発に携わってきたトム・ミューラーを紹介される。ミューラーがロケットの表裏を知り尽くした人物であることをはじめて会ったときに見抜いたマスクは、ミューラーが適正値に修正したスプレッドシートをもとに、開発チームにおいて構想を具現化していく。そこでは、300kgの物資を宇宙に運ぶコストが36億円かかるといわれているときに、8億円を目標に設定したという。

このケースのように、最初はアバウトな推定値でも構わないから、まずは仮説を定量化してシミュレーションしてみることが重要なのだ。その数字を業界のインサイダーにぶつけて歩くうちに、ミューラーのように感応度を知る人物が現われ、推定値だったものがより確からしい数字に修正されていく。そして、こうした仮説検証を繰り返すことを通じて、徐々に頭の中に業界固有の価値のシミュレーションモデルができ上がっていく。これが目利き力を獲得するということなのだ。

「火星に自立型の都市を建設するには、膨大な量の設備や100万単位の住人を運ぶ必要がある。とすると、いったい何回打ち上げることになるか。火星までは長旅だから１回に100人がいいところだろう。１万回で100万人。じゃあ、１万回の打ち上げをどのぐらいの期間でやらなければならないかといえば、２日に１回しか打ち上げられなければ、50年以上かかる」

　こうしたシミュレーションのもとに、マスクたちはテキサス州南部に独自の打ち上げ基地を建設した。そして、打ち上げプロセスを自動化し、月に数回のロケット打ち上げに対応できる体制を整備しつつある。ゆくゆくは、１日に何度も打ち上げることを視野に入れているのだ。

　マスクは一見破天荒な人物のように見えるが、実は自然科学に造詣が深い。南アフリカ共和国の生まれで、父親はエンジニアであり、その影響もあってか子どもの頃から自然科学に関心が高かった。カナダのクイーンズ大学で学士を取った後、アメリカの名門ペンシルバニア大学で物理学と経済学の学位を取得しており、ソフトウェア技術者としての高度なスキルと、それを電子回路、機構、先端材料と組み合わせ、マシンに適用する際の卓越した知見には定評がある。また、自然科学や数学の知見を活かしてシミュレーションを行う能力にも長けている。電気自動車にしてもロケットにしても、コンピュータによる３次元シミュレーションを駆使し、圧倒的なスピードとローコストで開発やテストを行っている。

　グーグルの創業者のひとりであるセルゲイ・ブリンは、マスクの能力をこう評している。

　「イーロンがよく言うことですが、何ごとも原点に立ち返って取り組まなければいけないんです。どういう仕組みなのか、時間はどのぐらいかかるのか、コストはどうか、自分がやったらどのぐらい安くできるのか。何が可能で、どこが面白いのか判断するのには、工学や物理学の分野でそれなりの知識が必要ですが、イーロンはそこが傑出しています」

■ASMLとニコンの明暗を分けたもの

　バリューチェーンのスクラップ＆ビルドに関する仮説の具体化・定量化が企業の明暗を分けた事例として、ASMLとニコンを取り上げたい。ASMLは、半導体露光装置（ステッパー）を製造しているオランダの半導体製造装置メー

カーであり、半導体の供給不足問題や、米中対立の中での経済安全保障問題で、日本でも一躍脚光を浴びた会社のひとつだ。半導体露光装置とは、シリコンウエハー（シリコンでできた円盤状の素材）に微細な回路を焼きつける機械で、価格は1台数十億円から最新のもので100億円を超える。この装置では写真の技術が使われることから、以前はニコンがトップシェアを押さえていた。ところが、2000年以降にASMLに逆転され、いまではASMLがシェア80%を握っている（図表11①）。この逆転劇を可能にしたのが、バリューチェーンのスクラップ＆ビルドに関する仮説であった。

　2000年頃を境に、半導体業界では大きなバリューチェーンの変化が起こった。それは、先進国の半導体メーカーが、製造機能を台湾の生産受託会社（ファウンドリ）に外注に出すようになったことだ（図表11②）。これによって、台湾のTSMCなどが半導体供給不足の中で実質的な意思決定者としての役割を果たすようになったことはすでに述べたとおりだ。こうしたバリューチェーンの変化を先取りし、台湾のファウンドリに入り込むことでニコンからシェアを奪ったのがASMLなのだ。

　ASMLは台湾の生産受託会社の事業構造・収益構造を徹底的に解明し、彼らが世界中の半導体メーカーから生産のアウトソーシングを受けることで、圧倒的なスケールメリットを享受できることと、彼らのコスト構造のかなりの部分が製造装置の償却費（固定費）で占められることに着目する。固定費中心のコスト構造であれば、売上を大きく伸ばせれば爆発的な利益につながることは、損益分岐点分析からわかるはずだ。そこで、ASMLはツインスキャン方式を編み出す。これは、シリコンウエハーを2枚並べて同時に露光できるという方式で、ファウンドリの生産性を2倍にできる。同じ時間で売上が2倍になれば、固定費率は半分になり、その分が丸々利益になる。こうした生産受託会社ならではの収益構造に着目し、彼らの事業構造を変える提案を持っていったのである。つまり、ASMLは顧客の事業固有の感応度を解明し、ツインスキャン方式が爆発的な価値の創出につながることを発見したのだ。

　ここでは、半導体業界で生まれつつあるバリューチェーンの変化に着目し、その中で鍵を握るファウンドリの事業構造・収益構造の新たな可能性について仮説を差し込んだことがASMLの成功要因になった。ツインスキャン

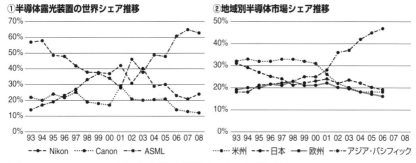

図表11　ASMLとニコンの明暗を分けたもの

①半導体露光装置の世界シェア推移

- Nikon ···- Canon -·- ASML

②地域別半導体市場シェア推移

···· 米州 -·- 日本 -- 欧州 -··- アジア・パシフィック

出典：Electronic Journal 2009年8月号《日本半導体/製造装置メーカーの共進化/共退化現象②》
　　　㈱エフエーサービス半導体事業部 技術主幹 湯之上隆

方式自体は、ニコンに真似できないものではなかっただろう。しかし、未知の世界に対して仮説を立て、ファウンドリに固有の感応度を解明することは、ニコンにはできなかった。この点が両社の明暗を分けたのである。バリューチェーンが大きく変わる時期に、将来のバリューチェーンのあり方に仮説を持てるかどうかがその後の企業の淘汰に大きな影響を与えることは、iPhoneがエレクトロニクス業界にもたらした影響のところでも見たとおりだ。

■仮説検証によって未知の世界を解明する

　未知の世界に対して仮説を具体化できるようになると、次はそれを顧客や業界のインサイダーたちにぶつけて、相手の反応を見ることが可能になる。その際、仮説はできるだけ具体的・定量的に立てることが重要である。なぜなら、具体的・定量的な仮説によって相手の反応も具体的・定量的になるからで、いままで見えていなかった世界が見えてくることがある。

　たとえば、「貴社の製造面における課題は何ですか」と抽象的に聞いても、相手からは「そうですねえ。急にそんなことを聞かれても……」といった抽象的な反応しか返ってこないだろう。ところが、「この技術をこのように使えば、この工程の生産性が2倍になって、貴社ではこのぐらいの利益につながるのではないですか」というところまで勇気をもって踏み込むと、それが相手の心に刺さったときは、反応がガラッと変わる。それまで気づいてもいなかったことを認識するようになり、「もっとこんなことはできないのか」「あ

んなことはできないのか」と興奮してしゃべり始める。そして、「試作品が
できたらすぐに持ってきてください」といった反応が返ってきたら、それは、
仮説が相手に刺さったというエビデンス（証拠）になる。仮説が外れていた
としても、「実はうちのコスト構造はこういうふうになっていて、いまの話
を応用すれば、こっちでこのぐらいの利益が出せますね」と話が展開したり、
相手が思わずコスト構造についてしゃべってしまうことがある。あるいは「な
るほど。でも、うちの本当の困りごとはこっちのほうにあるんですよね」と
打ち明けてくれたりする。

　このように、さまざまな情報が集まる人のところにいき仮説をぶつけてみ
ることで、自分が知らなかった情報を引き出すことができたり、新たな視点
を得た相手との対話を通じて未知の世界が解明されていくこともあるのだ。

　キーエンスが売上高営業利益率50％という驚異的な収益性をあげている理
由のひとつもここにある。キーエンスは工場自動化のためのセンシングシス
テムを開発販売する会社だが、同じような自動化装置を販売している企業は
多数ある。その中で、キーエンスだけが圧倒的な収益率をあげていることに
は確固たる競争優位性があるはずだ。それが、ASMLと同様に、顧客の事業
構造・収益構造を解明し、顧客にとって価値を生むための仮説を具体化・定
量化する力なのだ。キーエンスの営業は、顧客のラインに入り込み、「ここ
にセンサーを設置することで、何人分省人化でき、このぐらいのコスト削減
が可能になります」といった仮説を提示するところに価値がある。これが、
顧客である工場長から見ると、大きな存在感の違いにつながっている。他社
（代理店）の営業は、「自動化装置のカタログを持ってくる人」にすぎないの
に対して、キーエンスの営業は、「自分たちが毎年のように積み上げられる
カイゼン目標を達成するためのパートナー」と見られているのだ。これも、
未知の世界に踏み込んだ仮説が大きな価値を生み出す事例のひとつといって
いいだろう。

■顧客の事業構造・収益構造はどうやって把握するのか

　筆者は、「顧客の事業構造や収益構造をどうやって知ることができるのか」
という質問もよく受ける。ASMLやキーエンスのようなBtoBのビジネスの
場合、顧客も事業者であることから、市場構造・事業構造・収益構造のリンケー

ジを視野に入れ、事業価値を最大化することを考えている。このため、B to Bのビジネスにおいては、顧客にとっての市場構造・事業構造・収益構造を解明し、顧客の事業価値を高める提案を行うことが勝ち筋になる。しかし、顧客も社外の人に簡単には事業構造や収益構造を開示してはくれない。どうやればそこに仮説を立て、相手に伝えることが可能になるのだろうか。

たとえばASMLやキーエンスは、顧客の製造プロセスの中で使われる機器を販売していることから、納入設置の際や修理の場面で、顧客の工場に入ることが可能になる。その折などに、どのような設備を使って、どのぐらいの数の人たちが、どのような作業をしているのかを把握できれば、おぼろげながら製造プロセスやコスト構造について仮説を立てることが可能になる。こうした機会をサービススタッフに任せきりにしている人と、自ら足を運んでさまざまな顧客の工場の中を見て事例を積み上げている人とでは、仮説立案の能力に雲泥の差が出ることは明らかだ。

顧客の製品の中に組み込まれる部材を販売している企業の場合は、顧客製品の販売数量や要求性能についてはある程度把握できる立場にある。そこで、顧客製品の売価や販売数量、コスト、リードタイムなどに好ましい影響をもたらすアイデアを仮説にして、相手にぶつけてみることが可能になる。それが、顧客が求めていたことに合致すれば、営業からパートナーへ立ち位置が変わり、自社の事業構造や収益構造についての重要な情報を開示してくれることもある。

京セラは、セラミクスという、原価自体は低い製品を扱っているため、他産業で一般的な、原価に一定の利益率を乗じて値付けをするアプローチを取ると、製品が生み出す本来の価値を過小評価してしまうことになるという。しかし、それが顧客にもたらす価値を割り出し、適正な価格付けをするためには、顧客製品の売値や販売数量に及ぼす影響度や、顧客のコスト構造を解明することが求められる。そこで創業者の稲盛が考えついたのが、顧客に京セラ製品の適正価格を試算させるというアプローチだった。新たな製品アイデアを持って顧客を訪問し、「御社でこの製品を使われたら、こんな価値を提供できます。こういう用途にぴったりだと思います」と言って、まず相手の関心を引き、相手が「これはいいな。ぜひ使いたい」と前のめりになった

ところで、「いくらだったら買ってくださいますか」と率直に聞くのである。すると、相手は「こんな良い製品だったら、うちのこの製品に使えば、これぐらいで売れるはずだ」と計算し、そこから逆算して「このぐらいだったら買おう」という反応が返ってくるそうだ。このやり方であれば、顧客のコスト構造がまったく見えなくても、自社製品の適正価格を知ることができる。要は目の前にある機会をどれだけ有効に活用できるかに尽きるといえよう。

3-2 エビデンスは仮説検証した人だけが得られる

■フェイスブックが獲得したエビデンス

　仮説検証のメリットは、面白い仮説を立てることにより人脈が広がり、未知の世界を解明できるということにとどまらない。仮説検証した人だけが得られるエビデンス（仮説を裏づける事実）も、重要なメリットのひとつだ。それを獲得することによって、ステークホルダーを説得できるようになるからだ。将来が不透明な時代においてステークホルダーを説得し、彼らに経営資源を提供してもらうためには、エビデンスを示すことがもっとも効果的だ。幸い、ベンチャーキャピタルが普及したおかげで、エビデンスを取るための実験のデザインを提示すれば、彼らがそれに必要なお金を付けてくれるようになった。また、そこから効果的なエビデンスを獲得できれば、事業立上げの資金まで用意してくれる。もちろん、仮説が面白いことが大前提ではあるが。

　ここで、フェイスブックが事業立上げにあたって2つのエビデンスを獲得したときの話をしたい。フェイスブックは自社の試作品の有効性を検証するため、ハーバード大学の学生を対象に実験を行い、2つの仮説を検証しようとした。それは「価値仮説」と「成長仮説」だ。前者は「フェイスブックというサービスがどのぐらいユーザーに刺さるか」を検証しようとするもので、後者は「フェイスブックがどの程度のスピードで市場に浸透していくか」を検証しようとしたものだ。そこから彼らは以下のようなエビデンスを獲得した。

　まず価値仮説については、「アクティブユーザーの半数以上が毎日アクセスしている」という事実が明らかになった。自分の投稿したコンテンツに対

して、「いいね」というレスポンスが返ってきていないか気になって、毎日のようにアクセスする人が半数以上いるということから、これは「相当刺さっている」というエビデンスになった。また、成長仮説については、「サービスを始めて1ヵ月経たないうちにハーバードの学生の3／4が使うようになった」という結果が得られた。これは相当な拡散力があるというエビデンスになる。フェイスブックの創業者であるマーク・ザッカーバーグらは、この2つのエビデンスをベンチャーキャピタルに持ち込み、事業立上げの資金を引き出すことに成功した。こうしたエビデンスは、仮説検証を試みた人しか手に入れることができない。だからこそ、ステークホルダーを説得し、経営資源を引き出す力になるのだ。

■ジップカーの二人のCEOに差をもたらしたもの

　ジップカーの仮説検証事例についても紹介したい。ジップカーとはカーシェアリングの会社で、以下は、アメリカでカーシェアリングが成立するかどうかを検証した人たちのストーリーだ。ロビン・チェイスという環境問題に関心の高い起業家が、カーシェアリングによって無用な車の保有を減らすことが環境問題の解決策になると考え、1999年にジップカーを立ち上げた。それまでにも環境に意識の高い自治体では、非営利事業としてのカーシェアリングは存在していたが、ユーザーにとっては使い勝手が悪く、一般に普及するサービスにはなっていなかった。このため、チェイスは夫であるロイ・ラッセルの力を借りて、インターネットやICカードを使った利便性の高いサービスを生み出し、それがアーリーアダプターから高い評価を受けることとなる。チェイスはそれに自信を得て、環境に関心の高い人たちを組織化し、社会的意義を訴えるニュースレターを発行したり、ユーザーを招いて夕食会を開催したりして、仲間意識を高める活動にエネルギーを注いでいった。しかし、話題になったのは最初だけで、その後の会員の伸びは途切れ途切れとなり、ついに目標に大幅未達のまま現金が底をついてしまう。チェイスは環境面の有用性を熱心に訴えたものの、取締役会は彼女を解任することを決断する。

　チェイスに代わってジップカーのCEOに選ばれたのがスコット・グリフィスだ。彼はチェイスたちがやったことをひとつの実験と見立てた。「インター

ネットを使った利便性の高いサービスを提供すれば、会員が集まる」というのが当初の仮説だったはずだ。アーリーアダプターがサービスを高く評価したということは、仮説の一部は裏づけられたといえるが、結局会員は集まらず、仮説自体は棄却されてしまったことになる。サービス自体はよくできているのに、なぜか会員が集まらない。そこにはボトルネックがあるはずだと考えたグリフィスは、ジップカーのサービスについては知っているものの、会員にならないと決めた人たちを集め、その理由を聞くという調査を行った。その結果、解明されたのが、車までの距離が遠いことがネックになっている、という点である。

　ここでグリフィスはジレンマに直面する。車までの距離を近づければいいことはわかったが、資金がなくて車の台数は増やせない。悶々とする中で、新たに閃いた仮説が、広くあまねく車を配置するのではなく、典型的なターゲットユーザーである、「インターネットのリテラシーがあり、環境に関心が高く、懐にゆとりがない若者」が密集している地域に、いまある車のすべてを集中配置すれば、ボトルネックを解消して会員を集めることができるだろうというものだ。そこでグリフィスは都市近郊のいくつかの場所を選び、早速実験を開始する。「ケンブリッジ（ボストンの対岸にある街）中心部の10ブロック四方に、車を停めておく場所が１ヵ所であれば、徒歩でアクセスするのに平均で10分かかるが、これを７ヵ所に増やせば平均時間は５分に短縮される。20ヵ所なら２分だ」。こうしたシミュレーションに基づき、さまざまな密度で車を配置して実験してみると、「平均時間５分の距離に車を配置すると会員が急増する」傾向があることがわかってきた。彼はこの事業固有の感応度を解明するとともに、強力なエビデンスを獲得したのだ。

　この発見が成長のスパイラルに火をつけた。人々はジップカーが路上に停まっている光景に慣れ、友だちに「あれはなんだ」と尋ねるようになった。そして、ひとつの地域でジップカーの会員がクリティカルマスに達すると、次の地域に事業を拡大していき、実験した地域では21歳以上人口の10〜13%を会員として獲得するというエビデンスが得られた。さらに、グリフィスはターゲットユーザーが密集している地域を全米から洗い出し、15の大都市と150の大学がターゲットエリアであることを解明する。この15の大都市に住

む人の５％と契約できれば、会員数は100万人、売上高は年間1000億円に達するという売上ポテンシャルを導くことに成功したのだ。

このストーリーには、チェイスとグリフィスという二人のCEOが登場する。この二人の差をもたらしたのが仮説検証力であることはいうまでもないだろう。チェイスが解任された理由は、自分の作戦がうまくいかなかったときに、それに代わる仮説を示せなかったことにある。彼女をCEOにしておく限りジップカーの成長はないと判断されてしまったのだ。これに対してグリフィスは、仮説に基づきさまざまな調査や実験をデザインし、検証した人だけが得られるエビデンスを次々と獲得していった。特に「５分の距離が会員の急増につながる」という感応度の発見は、最少のコストで会員数を増加させることを可能にし、ジップカーの競争優位性につながった。

■**成功したビジネスモデルを知ることはアンテナを張る訓練になる**

成功したビジネスモデルを事例として紹介する中で、筆者はしばしば、「創業者は成功したビジネスモデルを初めから見出せていたわけではなく、とりあえずやってみる中で、運よくそれを発見しただけではないか」という質問を受ける。このように問う背景にあるのが「後知恵を学んでも予想不可能なので意味がない」という疑念だ。確かに、多くの場合、創業者は最初から成功したビジネスモデルを予想できていたわけではない。しかし、だからといって、とりあえずやってみたら運よく成功したのでもない。仮説を検証した人だけが得られる情報を引き出して成功しているのである。「とりあえずやってみる」ことと、「仮説検証」との間には大きな違いがある。

ジップカーの二人のCEOのうち、チェイスは「とりあえずやってみる」タイプの人だった。彼女はカーシェアリングが環境問題の解決策になるという信念に基づき、環境に関心の高い人たちを集め、仲間意識を高める活動をあの手この手とやってみた。しかし、それが成功につながることはなく、結局解任されてしまう。その後も彼女の部下たちは、屋外広告・ポスター・テレビCMを打とうとしたり、環境面の有用性に訴えるインタビューをフリーペーパーに載せて配ろうとしたり、割引クーポン・無料試乗会・駅の出口やショッピングセンターの中にジップカー登録ブースを設置するなど、昔ながらの販売手法を実施しようとしていた。これに対し、後任のグリフィスは、

まずはチェイスたちの活動を検証しようとし、「とりあえず思いついたことを実行に移す」ことをやめさせた。

　グリフィスは、サービスは高く評価されているのに、なぜか会員が集まらなかったという「事実検証結果」に着目したのである。何かボトルネックがあるはずだと考えた彼は、そこにフォーカスを絞り、調査や検討を重ねる中で、車までの距離がこの事業を成功させるうえでの鍵を握ることを突き止める。そして、さらに仮説検証を重ねることにより、ターゲットユーザーが密集するエリアに車を集中させ、「5分の距離」を実現することが1000億円の売上ポテンシャルにつながることを解明する。

　成功するビジネスモデルをあらかじめ予想することは、むずかしい。優れた創業者たちも、予想が当たることなど最初から期待していない。しかし、それをあえて予想すること（仮説を立てること）によって、検証を行うことが可能になり、その結果どこが合っていて、どこが間違っているのか、その境界線が浮かび上がってくるのだ。すると、ボトルネックになっているものがおぼろげながら明らかになってくる。優れた創業者は、ここにフォーカスを合わせているのだ。ボトルネックになっているものがわかれば、そこに意識を集中させることで、価値につながる仮説を導ける確率が飛躍的に高まる。それをせずに、むやみやたらに思いついたことを実行しても資源を浪費するだけだ。仮説を立てることはアンテナを張ることに似ている。うまくアンテナを張った者のみに手掛かりが見えてくる。それゆえに、間違っていても構わないから仮説を立てることに意味がある。成功したビジネスモデルを知ることは、うまくアンテナを張る訓練になるのだ。

3-3 ピボット―仮説を軌道修正する

■仮説が外れてからが始まり

　とはいっても、自分が立てた仮説が外れるのを見るのは気持ちのいいものではないだろう。このため、多くの人は検証を行うことに対して後ろ向きになりがちだ。思いついたことを次々実行していくほうが楽しく、精神的にも楽だからだ。しかし、それではステークホルダーから信頼してはもらえない。そこで、優れた創業者が次にフォーカスを当てるのが「ピボット」、すなわち、

仮説が外れたときに仮説を軌道修正することだ。仮説が外れたら終わりではなく、仮説が外れてからが始まりなのだ。そこから未知の世界が解明されていくことになる。

　ソフトバンクグループの孫正義の弟で、オンラインゲームのガンホー・オンライン・エンターテイメントの創業者でもある孫泰蔵は、「本当に成功する事業を立ち上げようと思ったら、コペルニクス的転回を２回転半ぐらいかける必要がある」と語っている。成功に至る過程の中で、仮説が外れるのは世の常であり、そこからものの見方を大きく転換すればいいのだ。「フェルミ推定」のエンリコ・フェルミも次のような言葉を残している。

　「（仮説を検証してみて）もし結果が仮説を裏づけたなら、あなたは何かを測定したことになる。もし結果が仮説に反していたなら、あなたは何かを発見したことになる」

　仮説と違う事実が浮かび上がってきたからといってがっかりするのではなく、むしろ新たなパラダイムを発見する手掛かりを得たと考えるべきだ。それは検証した人だけに訪れるチャンスなのである。

　本田宗一郎は「みんな失敗を厭うもんだから成功のチャンスも少ない」と言う。本田は無数のオートバイを試作しただけあって、多くの失敗の中から発見を引き出してきたのだ。エンジンの制御にもいち早く半導体の応用を考え、ソニーと共同で仮説検証に取り組んだ。残念ながら当時は時期尚早で実用化には至らなかったものの、それが井深との交流が始まるきっかけになった。面白い仮説さえあれば人脈が広がっていくのだ。一方の井深も、「むずかしいからこそわれわれがやる価値がある」と言って困難な仮説の検証に果敢に挑戦し、そこから、トランジスタラジオやトリニトロン・カラーテレビのような、当時の人が「不可能」と考えた商品が生まれた。まさに新たなパラダイムを発見したのだ。井深は、頭だけで理屈をこねて「できない」「やっても無駄」と言うのを嫌ったそうだ。いま、あらためて次の本田の言葉が重みを持つ時代になっているように感じる。

　「失敗は成功とうらはらになっている。喜びと悲しみが同居しているように、成功と失敗は同居している。それだけに、失敗の数に比例して、成功しているということもいえる」

■グーグルの20％ルール

　ここまで、未知の世界に関して仮説を立て、検証活動によりエビデンスを獲得することと、仮説をピボットし、新たなものの見方を発見することの重要性を説いてきた。既知の世界をいくら調査してみても、そこからは新たな発想は生まれてこない。未知の世界（さらには既知だと見なされている中にある未知の世界）に足を踏み入れ、「何をバカなことを」と言われながら、常識を覆すエビデンスを取ったときに、新たなものの見方が生まれる。そして、それが周囲の人たちの目には「自由な発想」と映る。井深大、スティーブ・ジョブズ、イーロン・マスクらがやってきたことは、こうした未知の世界に踏み込んだ仮説検証なのだ。

　グーグルは、トップクラスのエンジニアには、少なくとも20％の時間は、既存の事業を回すことではなく、新しい事業価値の創出に向けた仮説検証に使うことを求めている。「20％ルール」というと、「研究者が自分の好きな研究テーマに使っていい時間」といった感覚で捉える人もいるかもしれないが、グーグルの20％ルールはそれとは少し異なる。グーグルでは期初の上司との目標設定面談の際に、「今期は20％の時間を何に使うの？」と問われる。そこで月並みなことをあげると、「それだったらグーグルでやらなくてもいいんじゃないの」と言われてしまうのだ。グーグルといえども、トップクラスのエンジニアの時間を、ただ現業に投入しているだけでは、いつベンチャー企業に足元をすくわれるかわからない。そうした危機感があるということだ。

　日本の大企業では、トップクラスの人材がどれだけの時間を新たな事業価値の創出に向けた仮説検証活動に投入しているだろうか。筆者の実感では、おそらく５％も割いていないのではないか。現業を回して利益をあげるほうがリスクが少なく、より高く評価されるからだ。その結果、組織全体として仮説検証能力が弱まっている印象を受ける。

　いま、日本企業においては、世界中のベンチャー企業への投資を通じて、新たな技術や人材を獲得しようとする動きが増えている。ただ、相手はいずれも創業者であり、面白い仮説がなければ、こちらを振り向いてはくれないだろう。アーム・ホールディングスの会長がソフトバンクグループ入りを決めたのは、「エンジニアを株式市場が求める短期業績の捻出ではなく、これ

から訪れるパラダイムシフトを実現するために活かすべきだ」という孫正義の仮説に共感したからである。

　ベンチャー起業家にとどまらず、若く優秀な人材も、面白い仮説がない企業には集まらなくなっていくかもしれない。彼らを成長させる機会がないと捉えられてしまうからだ。近年、社員エンゲージメントや組織風土を改善するための活動に取り組む企業が増えている。しかし、それが内向きの活動にとどまる限りは、本質的な問題解決にはならないように思える。逆にリーダー層がステークホルダー全体に視野を広げ、彼らを惹きつけるような面白い仮説を見出す努力をするほうが、社員のエンゲージメント向上につながるのではないだろうか。いまあらためて、仮説検証活動に何％の時間を割くのかが問われているといえよう。

第3章
DX時代のリーダー像

1. ネットワーク効果を活かす

■なぜ利益が出ていない会社に高い株価がつくのか

　前章では優れた創業者のものの見方、彼らが0から1を生むためにどこにフォーカスを当てているのかを見てきた。優れた創業者はまず、広くステークホルダー全体に視野を広げる。それが、社会に大きな価値をもたらそうという高い志につながり、多くのステークホルダーを惹きつける力になっている。加えて、価値が生まれるメカニズムにもフォーカスを当てることで、価値創出に直結する感応度の高い要因を感覚的に見出す動体視力、価値の目利き力を獲得している。さらに、未知の世界にフォーカスを当てて仮説検証を行うことで、常識にとらわれない自由な発想も身につけていた。時代の転換期において、こうしたものの見方を習得することが、新たな価値を発見するうえで大きな力になるのは間違いないだろう。その一方で、デジタル化が進む今日は、工業化の時代とは異なる考え方が求められる面もある。そこで本章では、DXの時代に固有の新たなリーダー像を考えてみたい。

　DXの時代に台頭してきた企業を見ると、それほど大きな利益をあげているわけでもないのに、そして時には赤字であるにもかかわらず、大きな時価総額（市場での会社の値段）がついていることがある。たとえば、アマゾンは創業以来20年ぐらいの間、ほとんど利益を出していなかったにもかかわらず、2015年時点で27兆円という大きな時価総額がついていた。テスラとトヨタを比較してみても、そうした傾向があることがわかる。トヨタは2兆8000億円の当期純利益を稼ぎ出しており、時価総額は35兆円の価額である。一方

のテスラは、利益水準は8000億円弱とトヨタの１／４ほどでありながら、時価総額は一時100兆円を超え、トヨタの３倍に達していた。

　その理由はネットワーク効果にある。第１章の「水道哲学」で述べたとおり、プラットフォームを利用する人が増えるほど、そこにデータが蓄積され、利便性が高まり、プラットフォームとしての価値が高まっていく。そこに、さらにユーザーが集まり、雪だるまが転がるように価値が膨れ上がっていく。それがネットワーク効果である。デジタル化の時代は、このネットワーク効果がもっとも大きな価値を生むのだ。たとえば、多くの人がアマゾンを使うほど、そこにデータが蓄積され、「この本を検索した人は、ほかにこんな本も見ています」といった精度の高いリコメンドができるようになる。すると、そこに魅力を感じたユーザーやサプライヤーが累積的に集まり、プラットフォームの価値が飛躍的に高まっていく。最初は顧客獲得コストがかさんで赤字になっていても、ひとたび雪だるまが転がり始め、圧倒的な数の参加者が集まれば、そのあとから爆発的な利益がついてくる。株価はこうした原理によって将来生まれるであろう利益を織り込んで決まっているのだ。

■DXは収益逓増の法則が働く時代

　これに対して、工業化の時代は規模の経済性が価値を生み、それが大量生産・大量物流・大量販売の時代をもたらした。そこでは、製品を売れば売るほど、１台当たりの収益が減っていく、「収益逓減の法則」が働く。たとえば、液晶テレビは、発売当初は欲しくてたまらない人が買うわけだから、100万円近い値段を付けても売れた。しかし、市場に浸透していくにつれ、さらに多くの人に買ってもらうために価格を下げていくと、１台当たりの収益はどんどん減っていく。この収益逓減の法則が働くことにより、次第に儲からなくなり、それ以上の販売努力を続けるインセンティブがなくなる。その結果、独占企業が現われにくくなり、同じテレビの業界に５社も６社もメーカーが並存できていた。

　ところが、ネットワーク効果が働くDXの時代には、「収益逓増の法則」が働く。「収益逓減の法則」が働く工業化の時代とは逆で、ユーザーが増えるほどプラットフォームの価値が高まり、爆発的なマネタイズのポテンシャルが生まれてくる。グーグルの検索エンジンはシェア90％と圧倒的なユーザー

を押さえている。筆者がグーグルを検索したり、YouTubeの動画を見たり、グーグルマップのナビを使うたびに、その履歴がグーグルのデータセンターに蓄積されていく。もう一人の私がグーグルのデータセンターの中にいるようなイメージだ。シェア90％ということは、世の中の9割の人のデジタルツインをグーグルが押さえていることになる。そうすると、たとえばある新製品が発売されたときに、「この製品を検索している人はこのエリアに何人います」「その人たちは、ほかにこんな製品も見ています」「その人たちの属性にはこんな傾向があります」といった情報を広告主に提供できるようになる。これは企業にとってみれば市場構造・セグメンテーションを見える化してくれることにつながり、そこから爆発的な広告収入が生まれた。シェア20％ではこうはいかない。

　近年、ヘルスケア・センシングにより問題の兆候をキャッチし、ソリューションを販売しようとする企業が増えているが、これも圧倒的なシェアを奪取できれば、「こんな問題を抱えている人がこのエリアに何人います」「その人たちの属性にはこんな傾向があります」といった形で市場の構造の見える化が可能になる。それは、ヘルスケア関連のプロバイダーにとって大きな魅力であることから、リコメンドによる仲介料や広告料で儲けたり、サービス収入を得ることにつなげられる。さらには、売れ筋商品が見えてきたら、それを徹底的にプロモーションして太い両流に育てたり、場合によっては内製化して価値を囲い込むことも可能になる。また、蓄積されたデータに基づきコンサルティング収入を得ることもできるようになるだろう。このように、シェアが圧倒的になればなるほど、次々とマネタイズの手段が広がっていくのが収益逓増の法則だ（図表12）。

　収益逓増の法則が働く時代においては、圧倒的なシェアを目指す必要がある。2位ではダメなのだ。ところが、「シェア20％奪取！」といった工業化の時代の感覚でビジネスに取り組んでいる企業が多く、その結果、まったく儲からないビジネスになってしまっている。「そのヘルスケア・センシングデバイスを何個売る計画ですか」と聞くと、「百万個ぐらい売れればいいですね」という答えが返ってくる。「それでは、そのデバイスは1個いくらですか」と問うと、「1000円ぐらいですかね」と返ってくる。しかし、1個

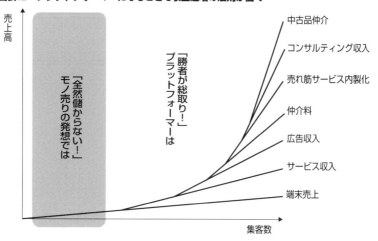

図表12　プラットフォーマーになることで収益逓増の法則が働く

（縦軸）売上高

（グラフ内ラベル）
「全然儲からない！」モノ売りの発想では

「勝者が総取り！」プラットフォーマーは

中古品仲介
コンサルティング収入
売れ筋サービス内製化
仲介料
広告収入
サービス収入
端末売上

（横軸）集客数

1000円のものを百万個売っても10億円にしかならない。しかも、百万個では市場の構造を見える化することにはつながらず、そこから得られる広告料も限られる。デジタルの時代は、ハードウェアの単価がアナログの時代と比べて一桁低い。このため、かつてのモノ売りの時代の発想ではまったく儲からないのだ。

■「パラノイアだけが生き残る」

　ネットワーク効果が働くことから、DX時代のリーダーは圧倒的なナンバーワンを目指す必要がある。アマゾンのジェフ・ベゾスや、メタプラットフォームズのマーク・ザッカーバーグを見ていればそれがわかるだろう。このネットワーク効果を活かして最初に成功した企業はインテルだと言われる。「x86」と呼ばれるパソコンのプラットフォームが独占的なシェアを獲得したことで、そこから爆発的な価値が生まれた。インテルの創業者の一人であるアンドリュー・グローブは、「パラノイアだけが生き残る」という言葉を残している。つまり、ナンバーワンを取るまで安心できず、執拗にあらゆる手段を探求し続ける人しか生き残れない世界だといっているのだ。実際インテルは、「単独サプライヤー戦略」を掲げ、絶対的な品質管理と戦略在庫による安定供給により、ライバルのAMD（アドバンスト・マイクロ・デ

バイセズ）を徹底的に排除しようとした。

　ユニクロの柳井や日本電産（現ニデック）の永守は、後継者に指名した人に満足できず、自身がトップに復帰するという決断をしている。二人はともに創業者であるが、大企業で育ったリーダーのスピード感に満足できなかったのだ。大企業の論理では、一人の創業者に権力が集中することは脆弱性につながると捉えられる。その考え方は間違ってはおらず、実際株主などのステークホルダーも後継者の育成を求めてくる。このため、特に日本電産の後継者指名の失敗に対しては、さまざまな批判がなされてきた。その一方で、ネットワーク効果の働く時代においては、圧倒的なシェアを取れないこともまた脆弱性につながる。そこで、リスクを取って積極的に投資し、他社より先にバリューチェーンのスクラップ＆ビルドを仕掛け、他社を圧倒することに執着することが求められる。年10％ぐらいの成長で満足していては不十分で、２倍３倍を追求しなければいけないのだ。大企業から優秀な人材をヘッドハントしてきても、二人の後継者がなかなか決まらないのを見ると、そうした人材が大企業には少ないことがわかる。収益逓減の法則が働く工業化の時代には、そうしたリーダーを育てる必要がなかったからだ。大企業のほうもあくなきシェア奪取を追求するような人材を必要としてこなかったといえるだろう。いま、新たなリーダー像が求められている。それはネットワーク効果を活かして価値を生み出せるリーダーであり、そのためにナンバーワンになることにフォーカスを当て続けられるリーダーといえよう。

■マイクロソフトの買収戦略

　ネットワーク効果を「集客力」であると考えると、グーグルやフェイスブックのようなモノをつくらない企業が爆発的な価値を生み出していることにも納得がいく。もはやモノではなく、人が集まる場が価値を生む時代なのである。化粧品業界を見ても、メーカーが発信するメッセージよりも、アットコスメ（@cosme）のような化粧好きの女性が集まって発信し合う場（ウェブサイト）のほうが存在感があるように見える。アマゾンが筆頭株主になったのもうなずける話だ。また、ピンタレスト（Pinterest）は無数の画像が集まる場（ウェブサイト）になっており、ファッションにしろ、インテリアにしろ、車にしろ、自分の気に入った写真をクリックすれば、それと似たよう

な写真を世界中から検索して提供、表示してくれる。これによって4〜5回クリックしただけで、自分の欲しい商品のイメージを絞り込むことができる。こうしたコンテンツの集まる場に多くのユーザーが慣れてしまうと、品揃えの限られるサイトや、5回以上クリックしても欲しい情報が出てこないサイトには、アクセスする人がいなくなってしまうだろう。

　そう考えると、近年のマイクロソフトの買収戦略も理に適っているように見える。たとえば、2016年に買収したリンクトイン（LinkedIn）は、世界中のプロフェッショナルと彼らを採用したい企業が集まる集客力の高い場といえる。2018年買収のギットハブ（GitHub）は、世界中のプログラマーがコードやデザインデータを共有する場になっている。また、2022年に発表したアクティビジョン・ブリザード（Activision Blizzard）の買収は、ゲームの開発者とユーザーが集まる場を買おうとする動きとして捉えることができる。ネットワーク効果が働く場を買収することで、それが将来、雪だるま式に価値を生むようになることを期待しているのである。

■ネットワーク効果が働く場をつくる

　資金のある会社は、こうした形ですでに生まれたネットワーク効果が働く場を買うことも選択肢になる。しかし、そうでない場合は、集客力の高い場を自らつくりにいくことを考えなければならない。そこで重要になるのが、ターゲットユーザーにとって価値ある情報を提供することである。たとえば、シンガポールの総合金融機関であるDBSグループは、顧客である個人投資家の保有する金融資産のポートフォリオや、その人の取引パターンを把握したうえで、関心を持ちそうなニュースをAIがピックアップし、リアルタイムで配信するサービスを確立している。配信したニュースを顧客がクリックしたかどうかもデータとして蓄積し、それに合わせて配信するニュースをチューニングしていくのだ。このサービスが顧客を惹きつけ、彼らがクリックするたびに顧客データが蓄積され、さらに配信の精度が高まるという雪だるま効果が働いている。いまでは日本の金融グループを上回る時価総額を生み出すに至っている。

　これは、ナンバーワンの品揃えを誇る企業にとってチャンスが訪れていることを意味する。それを顧客が自由に検索できるようにすることで、彼らが

いま何に関心を持っているのかをリアルタイムで捉えられるようになるからだ。上述のミスミは3000万点という圧倒的な品揃えを持つことが魅力となって、多くのエンジニアが検索するプラットフォームになっている。その結果、どこの企業のどの部署のエンジニアが、どんな部品を検索し、何をしようとしているかまで把握できる。これが新たなビジネスチャンスを生むことは間違いないだろう。

このようにして多様な品揃えの商品をユーザーにクリックさせたり、5段階で評価させたりすることができれば、その人の感性に合わせたAIの教育も可能になる。ユーザーのデジタルツインが獲得できるのだ。そうすれば、次々と出てくる新製品の中から、ユーザーが望むであろうものを目利きしてのリコメンドが可能になる。こうした「あなたのためのAI育成業」でマネタイズしているのがネットフリックス（Netflix）だ。ネットフリックスのリコメンドエンジンは、次々と出てくる新しい映画の中から、特定のユーザーが好みそうなものを探し出してくれる。また、多くのユーザーのデジタルツインの囲い込みができれば、ある新製品に関心を持つ人がどれだけいそうかを推定し、メーカーにマーケティング情報として提供することも可能になるだろう。

フェイスブックに至っては、「いいね」というボタンがユーザーを惹きつけ、集客力につながっている。「いいね」のボタンがあることで、多くの人がレスポンスを求めて競ってコンテンツをアップ・配信し、勝手に楽しんでくれているのだ。この着想が秀逸で、フェイスブックはそれをデータとして蓄積することで、だれが何に関心があるのかを把握し、ターゲット広告を流してマネタイズできるようになったのだ。こんなありがたい話がほかにあるだろうか。

■ソニーは若者にとっての「ディズニー」になるか

もう十数年も前の話だが、筆者はソニーの経営者と会食した際に、「ソニーは若者にとってのディズニーになれるのではないか」という仮説をぶつけてみたことがある。ディズニーはコンテンツの制作配信会社で、映画の製作、ケーブルテレビや動画配信、キャラクターグッズの販売からテーマパークまでを幅広く扱っている。ターゲットは子どもおよびその家族であり、子ども

が本能的に好むコンテンツを生み出すとともに、ケーブルテレビなどのメディア／プラットフォームを使ってマネタイズしている。このビジネスの妙味は、子どもはいずれ成長してディズニーを離れていくが、同時に次の世代が上がってくるため、絶えず新たな顧客が現われ、繰り返しマネタイズできることだ。これに似た原理が、若者に対しても成り立つのではないか、その際、ソニーはかなりいいポジションにいるのではないかというのが筆者の仮説だった。

　実際、ソニーはゲーム・映画・音楽というコンテンツビジネスをすでに持っていた。ただ、ゲームを除けばプラットフォーマーになろうという意図はなかった(その結果、アップルやネットフリックスに先行されてしまう)。また、ソニーはエレクトロニクスメーカーであるという思いが当時まだ根強くあったためか、ディズニーのようなプラットフォーマーに舵を切るという仮説は、やや突飛に感じられたようだった。しかしいま、ソニーがメタバースを成長領域として位置づけ、アメリカのゲーム開発会社であるバンジー（Bungie）を買収したのを見ると、ネットワーク効果が働く場をこれからの収益源にしていこうとしているのは間違いないように思える。どんな若者がメタバース上でどのようなコンテンツを楽しんでいるのかを把握し、彼らが本能的に好むコンテンツをリコメンドできれば、若者だけでなく、プロバイダーやクリエイター、アーティストたちが集まってくる世界をそこに実現できるかもしれない。

2. グローバルなエコシステムに入り込む

■シリコンバレーを中心にしたグローバルネットワーク

　デジタル化の時代が到来したことで、シリコンバレーに世界の注目が集まっている。シリコンバレーにはアップル、アルファベット（グーグル）、メタプラットフォームズ（フェイスブック）、インテル、エヌビディアなどの企業の本社が集積しているのはいうまでもないが、地理的な地域ということだけで成り立っているわけではない。世界中の情報通信産業の集積地とネットワークのようにつながって機能しているのだ。

たとえば、イスラエルは暗号や高速無線通信に関する研究開発センターのような役割を果たしている。その理由は、イスラエルの軍がこの分野に膨大な研究開発投資をしているからだ。イスラエルでは、軍の研究者が退役して独立しても、その分野の研究を続けていくことを止めていない。このため、軍発の技術を活かして雨後のタケノコのようにベンチャー企業が生まれる場所になっている。軍がベンチャー企業の創出に一役買っているケースは意外に多く、シリコンバレーで半導体関連の企業が成長したのも、アメリカ軍のミサイル開発が寄与したといわれる。第1章で紹介したように、井深大が戦後の日本で軍事技術を民間に転用して成功したのもその一例といえるだろう。シリコンバレーとイスラエルの間は、ユダヤ人脈で結ばれており、シリコンバレーの企業がイスラエルの企業を買収したり、イスラエルの企業がシリコンバレーに支社を出すなど日常茶飯事だ。インテルが「セントリーノ」というコンピュータと通信の規格を統合したプラットフォームを開発した際には、主要な拠点がイスラエルにも置かれた。

　また、バンガロールをはじめとしたインド南部の諸都市は、ソフトウェアの開発センターの役割を果たしている。シリコンバレーから見て地球の裏側に位置し、24時間開発体制が取れるために重宝されているのだ。インドとシリコンバレーの間はインド人脈でつながっており、バンガロールとサンフランシスコの間を往復する飛行機の中まで商談の場になっているという。

　台湾はハードウェアの開発生産センターの役割を果たしている。アップルからiPhoneの生産を受託しているホンハイ（鴻海精密工業）や、最先端の半導体の受託生産を行うTSMCなどが集積しており、米中対立の中で、経済安全保障面でスポットライトを浴びるようになった。シリコンバレーとつながり、一手に生産を受託することで、台湾の企業はグローバルなスケールメリットを享受し、圧倒的なローコストで生産ができる。台湾の政府は1960年代からシリコンバレーに足しげく通い、華僑人脈を通してアメリカとの技術・人材交流を進めてきた。TSMCの創業者であるモリス・チャンは、MITで博士号を取り、20年間テキサス・インスツルメンツで働いた後に、台湾政府からの要請で台湾に戻り、TSMCを設立した。こうした活動が功を奏し、1990年代になるとチャンのようにアメリカで教育を受けた華僑のエンジニアが台湾

に戻ってきて起業する流れが生まれた。日本や韓国が大企業中心の産業政策を取ってきたのに対し、台湾はベンチャー企業の創出に軸足を置いたところに特徴がある。

■エコシステム＝勝ち組企業連合

　以上のように、シリコンバレーを中心に世界中の情報通信産業の集積地がネットワークのようにつながってエコシステムを形成している。そこでは、それぞれの専門領域に特化した企業同士が補完関係の中で協業するコラボレーションの側面と、同じ専門領域内でナンバーワンを目指して競い合うコンペティションの側面が共存し、各専門領域の中で競争を勝ち抜いた企業同士が、お互いに手を組んで勝ち組連合軍をつくりビジネスを展開している。こうなると、いくら大企業とはいっても、もはや1社だけではスケールの面でもスピードの面でも太刀打ちできない。

　NECや富士通のような日本の大企業は、かつては世界の情報通信業界で大きな存在感を発揮していた。自社単独で半導体もハードウェアもソフトウェアもつくることができたからだ。しかし、問題が複雑化するにつれ、問題解決の場が大企業からグローバルなエコシステムへとシフトしていった結果、日本のIT企業は、大手も含めて、国内を中心としたシステム開発会社としての色彩が強くなってしまった。それは、自前主義にこだわるあまり、グローバルなエコシステムに参加できなかったことに原因がある。もっとも強みを発揮できる専門領域に特化し、グローバルなエコシステムの中に入っていって勝ち組にならなければ、問題解決に参画することもできない時代になってしまったのだ。日本企業でそれができたのが村田製作所や信越化学などの部材メーカーだ。

　こうした動きは情報通信業界やエレクトロニクス業界だけにとどまらなくなりつつある。今後、コネクティッドカーやインダストリー4.0という構想のもとに、自動車や工作機械・産業機械までが通信ネットワークでつながって機能する時代になることが予想されている。通信技術はグローバルでなければ意味をなさない。このため、通信技術が絡んでくると、必然的にアーキテクチャのグローバル共通化が進み、グローバルなエコシステムが問題解決の主役になっていく。そして、技術開発に大きく投資し、グローバルな市場

で大きく回収するパワーゲームと化していくのだ。これまでスタンドアローンであった自動車や機械がスマート化した瞬間に、情報通信機器やエレクトロニクス製品と同様、グローバルなエコシステムに参加しなければ問題解決もできなくなっていく可能性がある。

■思想や仮説があるかが試される

このように考えてくると、DXの時代のリーダーには、グローバルなエコシステムに参画し、そこで競争を勝ち抜くとともに、関連他分野のリーダーたちと協力して問題解決にあたる力が求められることがわかる。そこでは、さまざまな国の創業者と付き合うことが不可欠であり、その際に求められるのが第2章で述べた「思想」や「仮説」だ。彼らは常に社会全体、すべてのステークホルダーを視野に入れて、価値創出につながる次の一手を探している。このため、最初に会ったときに自分の思想や仮説を語れるかどうかが試されるのだ。それができる人は、事業固有の「感応度」がわかっているから、何がお互いにとっての価値につながるのかを即断即決できる。そして、パートナーとして相談し合える相手として認められる。ところが、「社に持ち帰って相談した後に回答します」などと言おうものなら、次からは会ってもらえない。時間の無駄と思われてしまうのだ。

また、それぞれが専門領域に特化しているがゆえに、お互いに他領域の感応度は見えていない。このため、バリューチェーンの変革を仕掛けるうえで、お互いの知見をすり合わせながら解を探していく必要がある。つまり、感応度が見えている人にはむしろチャンスが広がっていくのだ。当然、こちら側も相手に感応度がどこまで見えているのかを試す必要がある。そこで、相手の領域に踏み込んだ仮説をぶつけて相手の反応を見る。そうした仮説のやり取りが、お互いの信頼を深めていく。第2章3節1項（仮説検証の実践）で、イーロン・マスクがトム・ミューラーを紹介されたときに、彼がロケットの表裏を知り尽くした人材であることを見抜いた場面を取り上げた。ミューラーが、マスクが入力したスプレッドシート（ロケットのコスト構造に関する推定値）を正しい数字に入れ替えた場面では、お互いを試すような仮説のやり取りが行われていたのである。

いま、ソフトバンクの孫正義や日本電産（現ニデック）の永守重信のよう

な創業者が活躍する理由のひとつはここにある。彼らには業界固有の感応度が見えており、思想や仮説を語ることができるからだ。日本の大企業は、世界でも稀に見るぐらい権限委譲が行われていない組織だ。このため、自らの思想や仮説を持ち、即断即決ができる人材を育ててきていない。先方が事務方の場合は組織力で対応できても、創業者相手となると、まったくかみ合わなくなってしまう。それではグローバルなエコシステムの中に入っていくことはむずかしい。そうならないためには、思想や仮説を持てる人材を発掘し、育成・活用していく仕組みが必要になるだろう。

3. キャピタルゲインを有効活用する

■オーナーは100倍、1000倍のリターンを求めている

　DX時代に新たな事業価値創出に取り組むにあたっては、競争する相手、協業する相手はこれまでのような大企業のリーダーではなく、起業家、すなわち自らのお金を出資し、大きなリスクを取って事業に取り組んでいる人たちになることを想定しておく必要がある。大企業のリーダーとは考え方や行動スタイルが一味も二味も違う彼らの性質を知っておかないと、先手を取ることはできない。そこで、ここではオーナー（新たな競争相手であり、協業相手でもある）の視点に立って世界を見てみることにしたい。

　オーナーは自分のお金を事業に投じることで、大きなリスクを取りながら、それに見合った大きなリターンを追求する。月並みなリターンを求めるのであれば、わざわざ起業のリスクを取らなくても、株に投資しておけばいいのだ。近年は投資信託やETFを買うことで、個人でも多数の企業への分散投資が簡単にできるようになった。分散投資したときの平均リターンについて、筆者の調べでは、1ヵ月間投資する場合の平均リターンは1％で、8割の確率で－5％から＋5％の間に収まる。5年間投資する場合の平均リターンが46％で、8割の確率で－11%から＋110%の間に収まる。10年間の投資になると、平均リターンは107%で、8割の確率で0％から＋233%の間に収まる。ということは、単純に株の投資信託に投資しておけば、10年間で倍になることが期待でき、しかもリターンがマイナスになる（損する）確率は1割しか

ない。そうした投資機会があるにもかかわらず、大きなリスクを取って起業するからには、オーナーは100倍、1000倍のリターンを狙っていると考えるべきだ。特にDXの時代においては、ネットワーク効果を働かせることができれば爆発的な事業価値の創出が可能になる。

　事業から得られるリターンを高めるためには、絶えず新たなビジネスチャンスを発掘していかなければならない。いまの事業価値（株価）には、いまの事業計画の延長線上で生み出される予想利益はすでに織り込まれているため、同様のビジネスモデルをただ回しているだけでは、予定どおりの利益を毎年出せたとしても、事業価値は横ばいのままだ。事業価値を上げるためには、いまの計画に織り込まれていない新たな収益機会を次々と発掘し、そこに投資していく必要がある。このため、オーナーは休む間もなく貪欲にビジネスチャンスを追い求める。大企業のリーダーが、業界他社並みの成長性・収益性で満足し、それ以上のリスクを取ることに消極的になりがちなのとは好対照だ。逆の見方をすれば、大企業のリーダーは株を大量に保有していないため、大きなリスクを取ってもキャピタルゲインの恩恵に与することはなく、また、地位が高くなるほど失うものが大きくなることからリスクを避ける行動を取るのだ。これでは株価は上がらない。

■事業価値を高めるための5つのレバー

　事業価値を高めるためのレバーには、①既存事業の利益改善、②投資、③M＆A、④研究開発、⑤事業ポートフォリオのスクラップ＆ビルドの5つがある。

　①既存事業の利益改善とは、すでに存在する事業の売上ポテンシャルを上げたり、コスト構造を変えることで、毎年の期待利益を嵩上げすることをいい、具体的なアクションとしては、新製品の発売、新たな販路の開拓、生産性の改善、原価低減などがある。このレバーは、アサヒのスーパードライのような業界ナンバーワン商品を持つ企業にとっては非常に大きなインパクトがある。販売数量が大きいだけに、少し生産性を改善するだけで、半端ではない利益が生まれることがあるからだ。ただ、DXのような時代の転換期においては、既存事業が価値を生みにくくなり、新たな事業の創出が求められるため、①にはあまり大きな期待ができないと考えておいたほうがよい。

②投資と③M&Aは、新たなビジネスチャンスが湧き起こるデジタル革命の時代においては、もっとも効果的なレバーになる。大きな成長が見込まれる収益機会を発掘し、他社に先駆けてそこに投資したり、会社を買収することによって、将来大きなリターンを刈り取るのだ。ネットワーク効果が価値を生む今日、ユーザーやサプライヤーが集まる場を買収することが大きな価値につながることは、本章1節（ネットワーク効果を活かす）のマイクロソフトの買収戦略のところでも触れたとおりだ。

　このレバーを活かしてもっとも大きな価値を生み出したのは、中国のアリババとテンセントではないだろうか。両社は「アリペイ（Alipay）」や「ウィチャット（WeChat）」というスーパーアプリのプロバイダーである。スーパーアプリとは、スマホアプリであるものの、そこにアクセスすれば、あらゆるサービスがアプリ内アプリとして利用可能で、ライドシェアリング、デリバリー、ゲーム、エンタメ、レストランやホテルの予約から、旅行、医療まで揃っている。よくスイスのアーミーナイフにたとえられる。こうした便利な場にユーザーとプロバイダーが集まり、雪だるま効果が働くことで、爆発的な価値が生まれている。アリババとテンセントは、さまざまなサービスプロバイダーに出資したり買収したうえで、彼らのスーパーアプリに乗せ、さらに事業価値を高めマネタイズしてきた。

　④研究開発は、ライフサイエンスのような科学的探索活動が大きな価値を生む領域において、有効な価値創出のレバーになっている。とりわけバイオベンチャーなどは、研究開発テーマが一発当たれば、数百億円から数千億円の価値が生まれる世界といわれており、病気のメカニズムを解明し、芋づる式に研究テーマを立て、価値創出に取り組む大学発のベンチャー企業が増えている。

　また、アマゾン、アルファベット（グーグル）、メタプラットフォームズ（フェイスブック）などのプラットフォーマーは、研究開発費も半端ではない。いま、世界で一番研究開発費を投じている企業はアマゾンで、2022年度は9.5兆円に達している。物販事業者であるアマゾンが属する小売業の業界においては、これまで研究開発という概念は、存在すらしていなかった。なぜなら、小売業で成長ドライバーとなってきたのは研究開発でなく店舗開発だったか

らだ。不動産に詳しい人はいても、エンジニアはいない業界に、世界最大の研究開発費を投じる企業が殴り込みをかけてきたのだ。いま、ウォルマートが慌ててエンジニアを集めている背景にはこうした事情がある。また、アルファベットの研究開発費が5.1兆円、メタは4.4兆円と、トヨタの1.1兆円をはるかに上回っている。自動運転技術の開発においてアルファベットの子会社のウェイモ（Waymo）が圧倒的な実績をあげている背後には、こうした物量の違いがあるのだ。

　最後に⑤事業ポートフォリオのスクラップ＆ビルドは、ある程度の規模まで成長してしまい、そこから先の価値創出ポテンシャルが限られる事業や、自分で経営するよりも他社に任せたほうが大きな価値を生む事業を売却し、そこで得た資金を、これから大きな価値創出が期待できる事業に投資するアプローチだ。イーロン・マスクがペイパル（PayPal）の株を売却し、そこで得た資金をテスラ、スペースX、ソーラーシティなどに投資した例がよく知られている。動体視力のいい起業家は、ひとつの事業に投資するだけでは満足せず、さまざまなビジネスチャンスを発掘し、次々と投資していくことが多い。その際、漫然と投資を続けるのではなく、高値で売れるものはタイミングを見て売却し、そこで得た資金をポテンシャルの大きい事業に再投資することで、さらに事業価値を高めることができるのだ。

■株式報酬で全員を同じ船に乗せる

　オーナーは事業価値（株価）を継続的に高めるために、ありとあらゆる収益機会を探し出し、リスクを取ってそこに投資し、リターンに変えようとする。しかし、それを一人でやっていたのでは限界がある。このため、起業は通常チーム体制で行い、そこに参画するコアメンバーには、能力に応じて株を付与したり、出資の機会を与えたりする。そうすることで、お金はなくても有能な人材を集めることができたり、全員がリスクを共有して大きなリターンを追求する体制を築いたりする。いま、こうした起業に参加する機会を求める人たちは増えており、大企業の有能な人材が会社を辞めてまで起業に参加するケースも出てきている。お金はなくても、アイデアとキャピタルゲインのチャンスがあることで、人は集まる時代になったのだ。

　また、コアの創業メンバーだけでなく、採用する社員にもストックオプ

ションや株式報酬を付与することで、創業者と同じリスクを共有してもらい、ありとあらゆる収益機会の追求に寝食を忘れるほどに取り組んでもらうことも重要だ。一部の人だけで使命を追求するのでなく、皆を同じ船に乗せることが意味を持つのだ。幸か不幸かベンチャー企業の場合、大企業とは違って失うものが多くはない。このため、年度目標を達成したら、それ以上のリスクを取ってまでリターンを追求することに消極的になる人は少ない。むしろストックオプションや株式報酬をもらえば、早くそれを価値に変えるために、創意工夫を凝らす社員が増えてくる。

　大企業の中で新事業創出に取り組むリーダーは、こうした環境をよく理解しておきたい。日本の大企業は、事業が生み出すキャピタルゲインを社員に還元せずに、中途半端な評価制度や報奨金制度でお茶を濁してしまうところがあるが、そのような制度では、寝食を忘れるほどに働く人は少ないだろう。ましてや、それを求めて社外から優秀な人材が入ってくることは期待しにくい。デジタル革命の時代はネットワーク効果が働くだけに、一度世の中を回るお金の流れに入り込めると、そこからは信じられないような価値が継続的に生まれるようになる。グーグルやフェイスブックが広告業の、アマゾンが小売業のお金の流れの中に入り込んで爆発的な価値を生み出したのを見れば、納得できるだろう。お金がすべてではないが、社外にはこうしたチャンスがあふれている。革命期とは社会的使命実現のためにリスクを取った者が大きなリターンを得る時代である。こうした時代にそうそう巡り合えるわけではないのだ。

■京セラのアメーバ経営

　ストックオプションや株式報酬という仕組みが整備されてきたおかげで、いまではベンチャー起業家が多くの社員にキャピタルゲインの機会を提供し、社会的使命実現のために皆を同じ船に乗せることも比較的容易になってきた。しかし、こうした制度がなかった時代に、それをやろうとした人がいる。それが京セラの稲盛和夫だ。稲盛の編み出した「アメーバ経営」がまさにそれに当たる。

　稲盛は仲間とともに事業を立ち上げようとしたものの、創業の資金を拠出する余裕がなかった。そんな稲盛を高く評価してくれる人が出資者になって

くれて、「あなたは考え方がしっかりしていて、見所があると思ったのでお金を出したのです。あなたの技術を出資とみなして、あなたにも株を持ってもらいます」と、稲盛にオーナー経営者としての道を歩ませてくれた。こうして、信頼できる仲間たちと、稲盛に期待を寄せる出資者を得て、京セラはパートナーシップを基礎とした会社として船出することになった。

　その後、若手社員の反乱などを経験する中で、稲盛は人と人とが信頼関係を築きながら、お互いにリスクとリターンを共有し、大きな価値を追求することの意義を実感するようになる。そして、経営陣だけがパートナーシップに参画することに満足せず、「一人ひとりの社員が主役」という理念を掲げ、いかにすれば社員全員にオーナーシップを持たせることができるのかにこだわるようになっていった。そこから生まれてきたのがアメーバ経営だ。会社を10人ぐらいの小組織（アメーバ）に分け、それぞれが独立採算制の中で収益責任を負うようにする仕組みだ。材料成形、部品加工、製品開発、組立、販売、サービスといった機能ごとに独立企業のようなアメーバを設置する。アメーバのリーダーには、経営計画、実績管理、労務管理、資材発注までの経営全般が任される。

　大企業では、製造部門は目標とする生産計画やカイゼン計画を達成できれば、それ以上に原価低減の努力を行うインセンティブは湧きにくい。仮にそうしたアイデアが下から上がってきても、「それは来期の目標達成のために取っておこう」という発想になりやすい。また、リーマンショックのような不況が起こり、市場の需要が急減しても、経営から止められるまでは計画に沿って生産活動を続けることになる。その結果、不良在庫が積み上がっても、それは製造部門の責任ではないからだ。

　ところが、アメーバ経営の場合、事情は一変する。市場の需要が急減すれば、川下の営業アメーバから製品を買ってもらえないリスクが浮上する。そこで、製造アメーバであっても、経営から言われる前に自ら市場の状況を調べ、必要と判断すれば生産を止め、不良在庫の発生を抑止しなければならない。また、経営計画を達成したかどうかにかかわらず、常に市場価格が下がるリスクを想定しながら、原価低減に取り組み続ける。このため、製造アメーバでありながら、新規サプライヤーを開拓したり、設計変更のアイデアを探

し回ったりもする。市場の動きが瞬時に組織の隅々まで伝わり、すべての機能がそれに応じて自らの動き方を修正し、価値創出のために最適化していくのだ。

アメーバ経営は、企業規模が大きくなっても、ベンチャースピリットを維持するための仕組みであり、すべてのアメーバ、すべての社員が市場構造・事業構造・収益構造の全体像を視野に入れながら、感応度の高い要因を探すことを通じて、経営に参画し、経営能力を獲得していく活動ともいえる。これは、本章2節（グローバルなエコシステムに入り込む）で説明した、専門領域に特化した企業同士が連携して問題解決に当たるエコシステムに近い組織メカニズムであることがわかる。

アメーバ間で社内取引が行われるため、時には価格の設定を巡って喧嘩になることもある。そんなときには、アメーバのリーダー同士がじっくりと話し合い、何が全社にとって望ましいことなのかを考え抜くことが求められる。それでも決着がつかない場合は、上司に裁定が委ねられることになる。このとき上司は、社外で生産したらどの程度のコストでできるのか、各工程の付加価値や収益性はどうあるべきか、見識を問われる。市場の価格調整原理、アダム・スミスのいう「神の見えざる手」を人間が果たそうとするわけだから、そこでは半端でない努力が求められるのだ。

そうした活動の中から、オーナーの視座に立って考えられる人材が育っていく。あるアメーバの赤字脱却にかかわった若い女性は、「赤字から立ち直るまで、ずいぶんと苦しい思いをしましたが、みんなで励まし合いながら、改善プロジェクトに取り組んできました。メンバーの知恵を集め、周りの人たちの協力があってはじめて目標は達成されます。その協力関係を支えるのは、互いに信じ合える人間関係です」と話している。これにはさすがの稲盛も、「まるで経営者のような」と舌を巻いたそうだ。

■キャピタルゲインの社会への還元

図表13は、工業化の時代を代表する企業であるトヨタと、デジタル化時代の代表アルファベット（グーグル）、メタプラットフォームズ（フェイスブック）の収益構造を比較したものである（売上高を100％としたときのコストと利益の内訳）。ここからいくつかのことがわかる。まず、トヨタは製品を

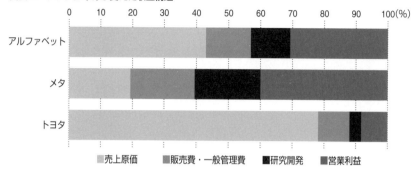

図表13　デジタル革命が変えた収益構造

凡例: 売上原価　販売費・一般管理費　研究開発　営業利益

つくっているため、売上原価が8割近くを占めるのに対し、アルファベット
やメタは、モノをつくっていないため、原価は2〜4割にとどまるという点
だ。言い換えれば、6〜8割が粗利という、驚異的な収益構造になっている。
アルファベットの約4割の売上原価は何かというと、広告を配信したサイト
のオーナーやユーチューバーに払う広告料の分け前である。

　この驚異的な粗利がどこにいっているのか。ひとつは研究開発費だ。工業
化の時代には、売上高の5％も研究開発費に振り向けていれば、研究開発型
企業といわれた。しかし、デジタル化の時代においては、15〜20％が研究開
発費に回っていることがわかる。先述の「事業価値を高めるための5つのレ
バー」の四つ目「研究開発」で示したように、アルファベットやメタの圧倒
的な研究開発費の金額は、こうした驚異的な粗利によって可能になっている
のだ。そして、もうひとつの行き先が利益だ。それが30〜40％という圧倒的
な営業利益率を生んでいる。工業化の時代は売上原価を通じてお金が労働者
に回る時代であったのに対し、デジタル化の時代はそれが研究開発費を通じ
てエンジニアに、利益を通じて株主に回る時代になることを示唆している。

　エンジニアや投資家は、社会的使命実現のためにリスクを取る人たちであ
り、彼らにリターンが還元されるのは理に適っているように感じる。しかし
一方で、それによって富の格差が増幅していき、社会が二極化していくこと
が想定される。実際、株のキャピタルゲインで潤う富裕層は世界的に増加し
ており、高度IT人材の給与も上昇の一途をたどる中で、平均所得水準は横

ばいで推移している。それが、アメリカではトランプ大統領の選出につながり、社会の分断を生み出した。オーナー経営者の立場から見ると、これは決して望ましいことではない。彼らの顧客の購買力が減っていくことにつながるからだ。デジタル革命の時代はネットワーク効果が爆発的価値を生み出す。つまり、圧倒的なＮ数が価値をもたらすのだ。そのためには、大衆層が経済力を持つ社会であってくれなければならない。一部の限られた富裕層だけを対象にするビジネスであれば、世界中の人とつながる通信技術や、人件費ゼロで無限にリコメンドするAI技術など必要ないのだ。

　そう考えると、社会経済の持続性を維持するためには、株式報酬をすべての社員に付与したり、寄付などによってキャピタルゲインが大衆に還元される仕組みを考えていくことが必要になる。実際、ビル・ゲイツが財団をつくって社会にお金を還元したり、ウォーレン・バフェットが累計で５兆円を上回る寄付を行うなどの動きが出始めている。これからは社会経済政策を国や自治体に任せておくだけでは十分でなくなっていくだろう。古代ローマにおいて、有力者が自ら資金を拠出し、公共事業を行ったような社会的仕組みが求められている。爆発的なキャピタルゲインを得たオーナーがそれを社会に還元するとともに、持続性のある社会づくりに向けて自らの知見や経験を役立てていくことが望まれる。

第4章
リーダーの強さと弱さ

1. リーダーとしての「強さ」

■自由は創造性につながるか？

　「日本企業ではかつて、自由にやりたいことができた。それがウォークマンのような創造的な製品を生み出した。しかし、いまは自由ではない。それが日本経済の沈滞の原因になっている。いまこそ自由を取り戻すべきだ」という意見をよく耳にする。確かに、アップルやグーグルなど、創造的な事業を展開している企業を見ていると、自由闊達な風土を持っていることがわかる。しかし、だからといって、アップルの創業者であるスティーブ・ジョブズや、グーグルのラリー・ペイジとセルゲイ・ブリンが、「自由」を重視していたのかというと、そうでもない。彼らは社員が休日や深夜に働くことを当たり前のように考えている人たちだ。価値創出に貢献できる社員には自由を認めるが、そうでない社員には厳しいところがある。

　ソニーの創業者である井深大は、「自由闊達にして愉快なる理想工場」づくりを会社創立の目的のひとつに掲げた。しかし、その一方で、設立趣意書の前文で、自分を支えてきてくれた人たちが、「寝食を忘れて努力した」「真面目な実践力に富んでいる」「社会的使命を自覚し」「戦時中、すべての悪条件のもとに、これらの人たちが孜々として使命達成に努め」といったことを讃えている。こうしたハードワークを重視しているところは、スティーブ・ジョブズやイーロン・マスクとも共通する。そしてさらに、次のような記述につなげている。

　「これらの人たちが真に人格的に結合し、堅き協同精神をもって、思う存

分、技術・能力を発揮できるような状態に置くことができたら、たとえその人員はわずかで、その施設は乏しくとも、その運営はいかに楽しきものであり、その成果はいかに大であるかを考え、この理想を実現できる構想を種々心の中に描いてきた」

井深やジョブズなどの優れた創業者たちは、「使命を達成する（ステークホルダーに価値をもたらす）ために、お互いが一丸となって正しい努力を惜しまなければ、それが社会に大きな価値を生み出し、理想とする心の自由に到達できる」と考えていたことがわかる。「自由にやりたいことをやれば、創造的な製品が生まれてくる」と考えていたわけではないのだ。自由とは目的に向けて皆が正しい努力をした結果として得られる心の境地であって、自由を手段として考えるべきではない。優れた創業者は、「自分たちが何をやりたいか」はステークホルダーが抜け落ちた議論にすぎず、価値にはつながらないことを嫌というほど思い知らされてきている。それが資源の浪費につながり、ステークホルダーに対して心苦しい思いをすることとなる。これほど不自由なことはない。ここを取り違えたリーダーは、「いまのわが社には自由闊達な風土が欠けている」といった組織風土調査の結果や、「もっと社員に自由を認めるべきだ」という部下の声に押されて、楽な方向に流されてしまいがちだが、それによって「いい人」にはなれても、「強いリーダー」にはなれない。

■ソニーにおける「自由」

自由という観点から見ると、ソニーが一番自由であった時代は、出井伸之が社長をしていたときかもしれない。当時、ソニーの社員と会うと、「これやろうよって、出井にも言ってるんですよね」などと話す人が多かったのが印象的だった。社外の相手に話しているのだから、社長を呼び捨てにするのも失礼ではないが、他の企業であれば「○○社長」とか「社長の○○」と呼んでいただろう。それほど平等で民主的な、欧米企業のような雰囲気があったのだ。

2013年に吉田がCFOとしてソニーに戻ってきて以降は、財務規律が重視されるようになり、自由闊達という面では一歩後退したようにも見える。しかし、一つひとつの事業を、市場構造・事業構造・収益構造のリンケージと

いう観点で最適化し、ステークホルダーにとって価値を生む事業に立て直していったのは既述のとおりだ。その結果、最高益を実現し、それが再投資に振り向けられ、いま、あらためてソニーが次世代自動車に進出するなど、自由闊達な雰囲気を取り戻すに至っている。

　筆者は、吉田にあって、出井になかったものが、リーダーとしての「強さ」だと思っている。出井は、自分がオーナーでなく、サラリーマン社長であることに引け目を感じていた。井深、盛田、大賀といったカリスマ社長の後任として登板したことから、自身の組織内における存在感の弱さに悩んでいたのだ。これに対して吉田は、ソニーの中に規律を取り戻した人といえる。社長に就任した直後に、吉田はソニーの４つのバリューとして「夢と好奇心」「多様性」「高潔さと誠実さ」「持続可能性」を掲げた。その際、「夢と好奇心」は井深が、「多様性」は盛田がもたらしたと述べているが、最後の「持続可能性」をもたらしたのは吉田である。ソニーの多様な事業の一つひとつを、きっちり利益の出せる体質に改め、それを再投資に振り向け、持続可能にしていったのは吉田の功績だ。その過程では、「ソニーから自由を奪っていいのか」という声に直面する場面もあった。しかし、吉田にはそうした声に対峙できる「強さ」があった。それが、易きに流されず、正しい努力にフォーカスを当て続ける力となり、その結果としてソニーの社員が心の自由を取り戻すことにつながったのだ。

■変革期のリーダーに求められる「パワー動機」

　人間のものの見方や行動パターンの背後には、「動機」と呼ばれる特性があることが、行動心理学の世界における研究を通じてわかっている。これは、行動のエネルギー源になるもので、その人が何に関心を持ち、何に苦手意識を感じるかなどを左右するといわれる。この動機が、リーダーの強さや弱さにも影響を与えている。1950年代に動機の存在を発見し、測定可能にしたのがハーバード大学の行動心理学の権威であったデイビッド・マクレランドだ。統計的な分析手法を、人間のものの見方や行動パターンといった目に見えない対象に適用し、そこからリーダーシップの成功要因を解明する研究を行った。いまでいうデータサイエンティストの先駆けだ。筆者はマクレランドがつくった研究所を訪れ、動機について、愛弟子であるジム・バラスらから、

以下の話を聞いた。

　マクレランドが解明した測定可能な動機には、「達成動機」「親和動機」「パワー動機」の３種類がある。「達成動機」とは、自ら努力して目標を達成することが喜びになるという動機だ。達成動機の強い人は、目標達成のためにあの手この手と打ち手を打つことをいとわず、ミドルマネジャーぐらいまでは早く昇進する傾向があることがわかっている。しかし、上級管理職になると、とたんにうまくいかなくなることがある。それは何でも自分でやろうとしすぎて、権限委譲や部下の育成に関心が持てないことに原因がある。

　次に「親和動機」とは、人といい人間関係を構築することが喜びになるという動機で、親和動機の強い人は周囲から「いい人」と見られる傾向がある。ただ、リーダーとしての役割を担おうとすると、デメリットになることも多い。それは、相手から悪く思われたくないという気持ちが強いために、ステークホルダーと利害が対立するような場面で逃げてしまったり、問題を先送りする傾向があることだ。その結果、やる気になっていた周囲の人たちをしらけさせてしまい、「弱いリーダー」とみなされることが少なくない。

　最後に「パワー動機」とは、周囲に影響力を発揮することが喜びになるという動機だ。パワー動機の強い人は、考え方の違う人がいると、自分の側から相手に働きかけ、説得することをいとわない傾向がある。このため、不透明感が高く、ステークホルダー間のベクトルが合いにくくなるような変革期において、積極的で強いリーダーシップを発揮することが多い。

■IBMの再生を可能にした強いリーダーシップ

　1990年代の初めに、IBMが３年連続で赤字を出し、倒産の瀬戸際までいったときがあった。コンピュータのダウンサイジングの波に飲み込まれ、従来IBMが得意としてきたメーンフレームといわれる大型コンピュータでは価値を出せなくなったのだ。そこで、はじめてCEOを社外から登用し、再生に取り組むことになった。それが、ルイス・ガースナーだ。このときに、先ほどのマクレランドの愛弟子であるジム・バラスがIBMに入り込んで７年間にわたって経営改革の支援を行った。ガースナーは、IBMの再生にはリーダーシップの変革が不可欠であると考え、バラスの力を借りたのだ。企業再生のような場面では、経営環境は不透明になり、ステークホルダー間の利害は完

全に対立し合う。そうした中でリーダーシップを発揮するためには、従来型のバランスの取れたリーダーではなく、強いリーダーが求められる。実際、ガースナーが自分の腹心と考えていた4人のリーダーは、動機を診断してみると、いずれもパワー動機が強いことがわかってきた。

　IBMの再生という変革期に、パワー動機が重要な役割を果たしたことは、デジタル革命といわれる現在においても当てはまるように思われる。いま求められているのは「いい人」や「バランスの取れたリーダー」ではない。人から嫌われることをおそれず、ぶれない思想を持ち、自らステークホルダーに働きかけ説得して回る「強いリーダー」なのだ。そうした人がいてはじめて、嵐のような経営環境の中で、組織の求心力を保つことができる。ジョブズやマスクが、いわゆる教科書的なリーダーとしては失格の烙印を押され、自分の会社から追放された経験を持ちながらも、それに負けることなく復活し、爆発的な事業価値を生み出すことに成功した理由は、彼らの強さにあったといえるだろう。

■DXの時代における強いリーダー像

　いま、日本企業の組織風土が悪化してきていることについては第1章で触れたとおりだ。工業化の時代のビジネスモデルが価値を生まなくなり、デジタル革命が進む中で、デジタル化の原理を活かして新たな価値を生み出す戦略が見えていないことがその原因と考えられる。従来のバランス型のリーダーシップだけではもはやステークホルダーを束ねることはできなくなりつつある。工業化の時代のビジネスモデルを忠実に守るだけで、大胆なスクラップ＆ビルドやリスクテイクを避けていては、ステークホルダーから見限られてしまう。

　DXの時代においてはネットワーク効果が価値を生む。このため、圧倒的なシェアを狙いにいくことが求められる。これは、繰り返し述べているとおりである。そうした時代に必要とされるのは、確固たる思想を見出して果敢にリスクを取り、他社よりも先にバリューチェーンのスクラップ＆ビルドを仕掛け、ナンバーワンのポジションを狙いにいけるリーダーだ。不透明な環境の中で他社に先駆けてビルドしようとすると、リスクを取って投資することが不可欠だが、そうしたリスクをともなう段階で社外から投資資金を集め

ることは容易ではない。このため、まずは自社の中で価値を生まなくなって
いる活動を他社より先にスクラップし、そこから資源を取ってくることが求
められる。そこでは相当な軋轢や反発を覚悟しなければならないだろう。だ
からこそ強いリーダーが必要になるのだ。また、そうした人でなければ、グ
ローバルなエコシステムの中に入っていって、世界各国の創業者たちと渡り
合うことはむずかしいだろう。

2. 倫理の問題を突き詰めて考える

■倫理観が重要視される時代

　デジタル革命は、個人情報保護の問題や、中国におけるような監視社会化
の懸念を新たに生み出している。ザッカーバーグがCEOを務めるメタプラッ
トフォームズ（フェイスブック）は、個人情報濫用の疑いをかけられ、欧米
の規制当局から攻撃対象にされてきた。2019年には米国連邦取引委員会から
6900億円の制裁金を科されている。このため、イギリスの元副首相であるニッ
ク・クレッグを政治的な交渉役として社長に任命したり、１社だけで米国医
師会を上回るようなロビー活動費を支出するに至っている。

　通信技術を通じて世界中の人とつながることとなった今日は、だれもが内
部告発できる時代でもある。いったん不祥事が発覚すると、社会全体を敵に
回すことにもなりかねない。また、ネットワーク効果や収益逓増の法則が働
く経済においては、必然的に独占企業を目指すことになり、その結果、優越
的な地位を濫用しようという社員も出てくる。アップルやアマゾンのような
プラットフォーマーが、自社のプラットフォーム上でビジネスをしようとす
る事業者を排除したり、いうことをきかない事業者のリコメンドの順位を下
げたりしている、などの噂が絶えないのには、そうした背景がある。このよ
うな状態を放置しておくと、企業の存在そのものが社会的悪と判断されるよ
うな事態にもなりかねない。

　こうした時代においては、ビジネスリーダーの倫理観がこれまで以上に強
く問われることになる。倫理の問題は、よく性善説や性悪説で語られること
が多い。実際、正しい知識を与えれば、人は正しく行動するという前提に立っ

たコンプライアンス研修（性善説）や、不正を検知するソフトウェア（性悪説）などに解決策を求める企業が多い。しかし、これらの仕組みを何重に設けたとしても、やはり不正は起きる。その理由は、不正を起こす人が、必ずしも知識が欠けていたり、悪意を持ってやっているわけではないからだ。むしろ善意から、一部のステークホルダーのニーズに積極的に応えようとした結果、それ以外のステークホルダーが見えなくなってしまったり、配慮が不足したりすることが、倫理の問題の根底にあるのだ。

　この問題を象徴するかの出来事が、ケンブリッジ・アナリティカ社が、フェイスブックの個人情報を不正利用し、アメリカの大統領選挙へ介入したとされる事件である。ケンブリッジ・アナリティカ社とは選挙コンサルティングを手掛ける、イギリスのSCLエレクションズ社の子会社で、有権者のプロファイリングやマーケティング分析を行っていた企業だ（現在は廃業）。フェイスブックは一時期、ユーザーデータを使って外部パートナーとの共同研究に積極的に取り組んでいて、その時代にケンブリッジ・アナリティカ社が第三者を通じてデータを入手し、有権者の性格特性を解析したうえで、ドナルド・トランプ候補に有利なニュースやメッセージの配信を行ったとされる。

　ここでは、ザッカーバーグCEOには、ユーザーを裏切るとか、大統領選挙の結果を歪めるなどといった大それた意図はなかったはずだ。自社のデータを使って何ができるのかを探求したい、それが新たな収益源をもたらし、株主に価値を還元できることを期待しただけだ。まさか、ユーザーデータを委ねた外部のパートナーが不正利用するとは夢にも思っていなかったという。しかし、自分も含めた株主の利益にフォーカスを絞るあまり、ユーザーや社会一般の利益が損なわれる可能性があることが見えにくくなってしまったことは否定できない。「悪の権化のように言われなくてもいいだろう」とは思いつつも、「確かに、ちょっとまずかったかな」とは思っているはずだ。

　このように、倫理の問題とは、自分も含めた一部のステークホルダーの利益にフォーカスを絞るあまり、他のステークホルダーへの配慮が不足した結果、生じることが多い。そこでは、正しい知識教育や、不正検知のソフトウェアなどは役に立たない。本人は善意でやっているからだ。建て前上は、経営者とはステークホルダーから経営資源を預かり、彼らのために最善の意思決

定を行う役割といえる。しかし、現実には経営者自身も重要なステークホルダーの一人であり、事業活動からあがってくる利益の一部を受け取る立場にいる。経営者とは意思決定者であると同時に受益者でもあり、それを切り離すことはできない。プレイヤーが同時に審判もやっているようなものなのだ。ここに倫理の問題が入り込んでくる隙がある。

■何が皆にとって正しいことか─松下幸之助の「道」

こうした事態を避けるためには、すべてのステークホルダーを視野に入れ、「何が正しいことなのか」を考え抜くしかない。しかし、関係者によって正しいことはそれぞれ異なる。また、人間とは主観的な生き物であり、ものの見方は流動的に変わる。その結果、「目的」と「手段」を取り違えたり、「公」と「私」をすり替えたりすることが当たり前のように起こってくる。ユーザーのプライバシーを守ることと、ユーザーのデータをお金に換えることの、どちらが目的でどちらが手段なのかは、見る人によっても、見る時によっても変わってくるため、すべてのステークホルダーを100%満足させることなど不可能だ。その中で、「これが皆にとって最善の選択だ」といえるものを見出さなければならない。ここに経営のむずかしさがある。

絶対的な「善」や「真」が存在するかどうかは、哲学の世界で2000年以上にわたって議論され続けてきた問いであり、いまだ結論は出ていない。筆者自身は、哲学の本を読むときは、絶対的な「善」や「真」などないという立場で物事を見る一方で、自分が経営をするときには、それが存在するという前提で考えるようにしてきた。「何が正しいことか」にこだわることが、経営においては重要な意味を持つと考えるからだ。筆者はそれを松下幸之助から学んだ。

松下幸之助は、第1章で紹介した水道哲学を実現するため、販路に当たるパナショップや電気工事店の経営者たちを数多く育成した。このため、松下は創業者としては珍しく、自分の考えを多くの本に書き残している。これは経営者育成のための貴重な資源といってもいいだろう。それらを読んでいて、筆者がいつも感心させられるのが、松下は常に「商売には正しい道というものがあって、それに近づくことで、商売は必ず繁盛する」というところから考えをスタートさせていることだ。多くの人は、正しい道があるかどうかな

どわからないし、「商売は必ず繁盛する」と言われてもすぐには信じられない。ところが松下は、それが「ある」というところから出発し、実際に正しい道を見つけて商売を繁盛させてしまう。しかも、「多くの人が正しい道を歩むことで、社会は繁栄する」とまで言い切っているのだ。

その一例に、松下が開発した画期的な二灯用差込プラグ（いわゆる二股ソケット）を持って、東京に販路を開拓しようとしたときの話がある。ある問屋に商品を見せたときに値段を聞かれ、松下は1個25銭と答える。すると問屋からは「それなら別に高くはない。でも君は東京ではじめて売りに出すのだね。それであれば少しは勉強しなければいけないよ。23銭にしたまえ」と言われた。このとき松下は、問屋の言うこともももっともだと理解する。原価は20銭だったので、23銭で売っても利益は出る。販路を広げるためにスピードを買うと思って値下げすることは理屈に合う。しかし一方で、自分も含め社員たちが一生懸命に働いてつくったものを簡単に値下げしてしまっていいものかとも考えた。このとき、一度は23銭で応じようとしたものの、自分の中にそうさせない何かが働いて、結局25銭を押し通した。その結果、買ってくれる問屋もあれば、買ってくれない問屋もあった。

ところがその後、東京の問屋の集まりで松下のことが噂になったという。

「大阪の松下というところは、いい品物をつくる」

「確かにそうだ。でも松下は簡単に値を負けない」

「そうだ。でも、だれに対しても一定の値を通しているようだ。だから買うほうは安心して買える」

「ほかではもっと安く卸しているのではないかと思うと、安心して買えなくなる」

最初に25銭を示しながら、相手の顔色を見て23銭に負けるようなことをしていたら、百戦錬磨の問屋たちからここまで信用されることはなかっただろう。25銭を通すことによって、松下は信用という大きな価値を勝ち取ったのである。もちろん松下自身、こうなることが最初からわかって25銭を通したわけではない。しかし、「商売には正しい道がある」と考える姿勢が、「安易に23銭に負けてしまっていいのか」という問いを生み出し、結果的に問屋にとっても社員にとっても価値を生む「真理」を発見したのだ。

■人間の弱さを知る

　すべてのステークホルダーを視野に入れて「何が正しいのか」にこだわることで、安易な公私混同や、目的と手段のすり替えは起こりにくくなる。倫理的に何が正しいのかを判断することは、特別な能力が必要なことではなく、人間としての常識があれば、だれにもできることだからだ。ただ、問題は時間が切迫する中で、そうした努力を怠ってしまうことにある。言葉で何が正しいことなのかを語るのは簡単だ。しかし、それを実行するのは容易ではない。このため、倫理の問題に関しては、いつも言行不一致が問題になる。

　また、倫理の問題や不正を起こすのは、貪欲な経営者だけではない。うまくいかなかったことを隠そうとする人間の弱さが、議論のすり替えや不正につながることが多い。近年、多くの日本企業で起こっている品質不正問題などもそうだろう。彼らは「品質データを偽装した」などとは考えていないはずだ。「納期に追われる中で、やむにやまれず工夫した」「それが事故につながらなければいいではないか」と考えたのだ。顧客との約束を果たせなくなった場面で、それを顧客に説明するのではなく、品質の問題を納期の問題にすり替えることで解決しようとしたのだ。

　自分の至らなかったところを認めることは精神的につらい。しかし、だからといって倫理に反することをしていると、内部告発でいつそれが白日のもとにさらされるかわからない。デジタルの時代は、記録が永久に残り、かつだれもが簡単に告発できる時代だ。そうならないために必要なのは、コンプライアンスに関する知識でもなければ、不正防止の仕組みでもない。「人間の弱さ」を知ることだ。そして、それを克服するために求められるのが、考え抜く習慣であり、「正しい道がある」と信じることが、そうした実践につながる。

　DXという変革期のリーダーとして、バリューチェーンのスクラップ＆ビルドを進めていこうとすると、時に一部のステークホルダーと戦わなければならない場面も出てくる。スクラップが必要な状況では、関係者に不利益を受け入れてもらわなければならない場合もあるだろう。当然、叩かれやすい立場に置かれることを変革期のリーダーは覚悟しなければならない。ガラス張りの状況の中で、常にだれかから見られていると考えて行動する必要があ

る。自分の言ったことに尾ひれがついて拡散していくことも少なくない。だからこそ我田引水、公私混同と取られるような行動は日頃から取ってはいけないのだ。「これが皆にとって正しい道なんだ」と言い切れるかどうかが日々試されているのである。

第5章
DX時代における
企業と個人の能力開発

1. 企業の人材育成策

■価値創出に向いた人材を発掘する

　企業がデジタル革命に適応し、生き残りをはかるためには、第二の創業者といわれる人を生み出す努力が必要になる。そうした人物が、デジタル革命下における価値を生む原理、すなわちネットワーク効果を活かした新たなビジネスモデルを見出してはじめて、多くの社員がそこから価値を刈り取り成長していくことが可能になる。このため、まずは0から1を生むのに向いた人材を探すところから始めなければならない。

　優れた創業者には、常識にとらわれない自由な発想や、柔軟なものの見方があることについては本書の中で繰り返し述べてきた。人によって自由に発想を広げることが好きな人もいれば、確立された考え方に沿ってロジックを積み上げていくことに安心感を覚える人もいる。不確実性が面白さにつながる人と、重荷になる人がいるのだ。それは多分に性格的なところに起因する。後者のような人を、何も拠り所がなく、新たな価値創出が求められる仕事にいきなり就けると、精神的な負担に耐え切れなくなり、メンタル面で病んだりすることがある。このため、0から1を生む役割を委ねるには、常識にとらわれず、物事を多面的、複眼的に見ることのできる人材を発掘することが重要になる。

　また、多様なステークホルダーと対峙し、バリューチェーンのスクラップ＆ビルドを仕掛けていくうえでは、精神的な強さ、タフさも求められる。反対意見や懸念の声にさらされながら、ステークホルダーを粘り強く説得し、

彼らにコミットしてもらうために強力なリーダーシップの発揮が求められる。「他者から良く思われたい」「嫌われたくない」という思いが先に立つ人だと、いざという場面で弱さを露呈して求心力を失うことが少なくない。

　さらに、倫理観が重要になるデジタル革命の時代においては、物事がうまくいかなかったときに他人のせいにしたり、ごまかしをするような人は、重要な場面で問題を起こすリスクが高い。こうした側面も考慮に入れながら、第二の創業を委ねられる人材を発掘していくのだ。

■小さな事業を成長させる役割を与える

　０から１を生むのに向いた性格の人材が発掘できたら、次は、小さな事業を成長させる役割を与えてみることだ。これまでも述べてきたとおり、大きな事業の中で、開発・製造・営業といった機能縦割りで人を育てていては、市場構造・事業構造・収益構造の全体像が見えなくなり、事業価値の目利き力が身につかない。だからといって、営業で育ってきた人をいきなり開発に持っていくなども簡単ではない。このため、創業に向いた人材は大きな事業から引き離し、小さな事業を大きく成長させる役割を与えるほうが早い。

　大企業の中では、さまざまな新規事業のアイデアがリストアップされており、そこから絞り込みのうえ、実行に移すことが行われている。そうした新規事業立上げの役割を委ねることが考えられる。ただ、筆者が気になっているのが、日本の大企業には仮説検証を十分に行わないまま、市場規模の大きさや本業との関連性などの形式基準に基づき事業案を取捨選択してしまうことが多い点だ。その結果、10年後には大きな事業に育っていたかもしれないアイデアを、価値創出の可能性をよく解明しないうちに捨ててしまうことが少なくない。あるいはその逆に、事業計画を実行に移したあとでさまざまな問題が明らかになり、多くの経営資源を浪費した末に撤退という苦い経験を何度もしてきている。このため、新規事業に有能な人材を投入することに及び腰になっている企業が少なくない。

　「新規事業立上げの際に膨大な資料作成が求められ、それがハードルになって新規事業創出が妨げられている」という声もよく聞くが、必要なのは資料作成ではなく、価値創出の可能性を裏づけるエビデンスなのだ。未知の世界を解明する際に頼りになるのは調査ではなく、仮説検証だ。このため、新規

事業立上げのうまい企業は、形式基準だけで絞り込みを行うことはせず、資源を投入する前に仮説検証を徹底し、エビデンスの得られたものだけを実行に移す。ベンチャーキャピタルは、膨大な調査資料ではなく、価値創出に直結するエビデンスに基づきお金を出すか出さないかを判断している。シリコンバレーではレストランの紙ナプキンに描いたビジネスモデルの絵で事業が立ち上がるといわれるのはそういうことなのだ。

　そこで、新規事業案を取捨選択する役割は、実際に事業リスクを取って小さな事業を大きくした経験のある人に任せるのがいい。それは成功しているベンチャーキャピタリストの多くが元起業家であることからも裏づけられる。そうした人たちは仮説検証のやり方や、エビデンスの取り方について豊富な知見を持っており、的確なアドバイスができる。その周りに起業に向いた人材を配置し、仮説検証の役割を委ねることで経営能力を開発していくのが望ましい。そして、ひとたび有効なエビデンスが得られれば、そのまま新規事業立上げの役割を任せ、大胆に資源や権限を与えればいい。

　小さな事業を成長させる役割を与えることによって、事業リスクを取る経験を積ませることができる。実際に自分でリスクを取り、成功体験や失敗体験を通じて、何が価値につながるのか、つながらないのかを深く理解できるのだ。プロ野球の野村克也監督がよく、「勝ちに不思議の勝ちあり。負けに不思議の負けなし」と語っていた。この言葉は、肥前国第9代平戸藩主であった松浦清の一節であり、経営者の中にも共感を覚える人が多い。実戦の中で勝ち負けの要因を振り返ることを通じて、価値につながるものを捉える動体視力が養われていくのだ。自分がどのような性質のリスクをどれだけ取っているのか、そこからどの程度のリターンが期待できるのかを肌感覚で捉えられるようになるためには、実戦経験が欠かせない。

■子会社を有効活用する

　小さな事業を成長させる経験を踏ませるには、子会社を活用することもひとつの手段である。大企業の中にいると、大企業であるがゆえの過剰な品質基準や管理手続きを求められることが多い。それが重い間接費となって収益を圧迫したり、意思決定の遅れにつながったりしている。新規事業を立ち上げるのであれば、リスクは限られているため、通常は大企業並みの品質や管

理水準は必要ないことが多い。収益機会を捉えてスピーディーに事業を展開したり、そのために大胆に権限を委譲しようとするなら、子会社のほうが動きやすい。

　ソニーの吉田が自ら子会社のソネットに出向し、そこで社長を経験してからソニーのCEOに選ばれたが、このような例が、子会社への出向＝左遷というこれまでのイメージを払拭し、世の中の常識を変えてくれることを期待したい。

　同様に、子会社で採用されたプロパー社員の中から有能な人材を発掘し、親会社で活用することも重要である。事業を営む子会社の中には、小さな事業を大きくした経験のある人や、開発・生産・営業といった機能横断的な経験を持つ人がいる可能性が高い。親会社で機能縦割りのキャリアを歩んできた人よりも事業価値の目利き力がある人材を、グループ全体の経営人材として活用することも看過できない選択肢になる。

■評価報酬制度を変える

　これまでの評価制度では、成果や実績に重点が置かれてきた。これは、既存のビジネスモデルが価値を生み、努力をすれば高い確率で成果が見込める状況のもとでは有効に機能した。しかしいま、従来のビジネスモデルが価値を生みにくくなり、新たな価値創出につながる事業の立上げが求められる時代である。このような環境の中で、数字で表わされる成果や実績だけを評価し続ければどうなるだろうか。既存の事業を担当する人たちは、大きなリターンの見込めない事業に資金を投資し続け、無理に成果を刈り取ろうとしたり、新規事業を担当する人は、既存事業からの資金シフトが期待できない中で短期的成果の刈り取りを求められ、事業が大きく育つ前に芽を摘んでしまうことになる。

　デジタル革命といわれる転換期においては、新規事業が一発当たれば、数千億円、数兆円の価値が生まれるチャンスがあふれている。医療従事者向けポータルサイトのエムスリーに３兆円の時価総額が付き、日本製鉄、三菱重工、日産自動車といった企業の価値を上回るようなことが起こる時代なのだ。そうしたチャンスに投資せずに、これ以上のリターンが見込みにくい既存事業に資源を投入し続けることが、株主から見ると許しがたい無策と映る時代

になってきている。1900年のニューヨーク五番街の写真を見ると、まだ馬車が街中を走り回っている姿が見て取れるが、そのわずか十数年後には自動車に取って代わられている。その当時、馬車づくりに資源を投入し続けた経営者が、その後どうなったのかを考えてみるべき時期にきているのだ。

　既存事業にかかわる人には、無理に二桁成長などを求めるべきではない。むしろ、必要となる経営資源をどれだけ減らせたかを評価するのが望ましい。その一方で、新規事業にかかわる人には、期近の成果を求めるのではなく、仮説検証を奨励し、大きな価値創出につながるエビデンスの獲得を評価するべきなのだ。そして、ひとたび有効なエビデンスが得られたら、既存事業から回収した経営資源を大胆に投資し、大きなリターンの獲得に踏み切る。このようにして、従来とは評価の考え方を大きく変えていく必要がある。

　また、新規事業の仮説検証や立上げにかかわる人たちは、長期間にわたって成果が生まれない中で、尋常ではない努力を求められる。事業が大きな価値を生むようになる確率は低いかもしれないが、それが実現したときには、そこから生まれるキャピタルゲインを還元する必要がある。未公開株を付与し、その上場や売却によって、市場から一生分のボーナスを上回る金額を回収できるような報酬制度が望まれる。

2. 個人の能力開発法

■失敗をおそれずリスクを取る

　個人の側から能力開発のあり方がどう変わっていくのかも考えてみよう。デジタル革命のような転換期において、個人の側で重要になるのは、失敗をおそれずリスクを取りにいくことだ。革命期とは社会的使命実現のためにリスクを取った者が大きなリターンを得る時代である。リスクテイクがいまほど大きなリターンを生む時代は、そうはない。価値の必要条件とは希少性であり、逆張りが大きな価値創出につながる。リスクを避けて他人と横並びでいるなら、じり貧になっていく。このため、常識を疑い、あえて本能に反することをやってみることが求められる。

　どのような仕事を選び、どのような経験を積み重ねるのか。そのためにど

のようなスキルや知識を習得するのか。与えられた仕事においてどこまで成果を追求するのか。その先に現われてくるキャリアの分岐点ではどのような選択を行うのかなど、さまざまなリスクテイクの機会が待ち受けている。その中で、どのようなリスクをどれだけ取ったのかによって、その後のリターンが決まってくる。

　第2章2節2項（競争優位性を解明する）でも述べたように、ライバルがやりたがらないことが競争優位性につながる。それは個人の場合も同じだ。だれもが求めるスキルや経歴を追い求めても、それはいずれ供給過剰になり、身についた頃にはその価値は低下していくだろう。「こうすれば成功する」というアイデアがどんなに存在していても、そこに皆が飛びついたとたんに希少価値はなくなり、だれもリターンを得られなくなる。世の中の後追いではなく、何が価値につながるのか、そのためにどこでリスクを取るべきなのかを自分で見極める力が求められるゆえんがここにある。

　もちろん、どこでリスクを取るべきなのかが最初から見えている人などいない。そこで、まずは小さくリスクを取ってみるところから始めるといい。実際にリスクを取ってみると、それにともなってどんなトラブルが起きてくるのか、それをマネジメントできたときにどの程度のリターンが生まれるのか、リターンの変動に影響を及ぼすファクターは何か、を次第に肌感覚で捉えられるようになっていく。こうしてリスクと対峙する力が付いてくると、感応度の高いファクターを発見してリターンを最大化しようという意欲が湧いてくるようになる。それが価値につながるものを捉える動体視力につながるのだ。

　人間の脳の中には、目や耳から入ってくる刺激を解釈する「機能マップ」が形成されているという。これは光や音の変化を捉えるアンテナのような役割を果たしており、母親の胎内から生まれ出て外界の刺激を受けることで、徐々に発達していくそうだ。リスクに対しても機能マップのようなものが存在していると考えられ、それはさまざまなリスクを取ることによって発達していく。

　優れた創業者たちは、実際に自らリスクを取りながら、事業価値につながる要因を見出す目利き力を獲得していった。井深大は「むずかしいからこそ、

われわれがやる価値がある」と言って、大企業が進み得ざるハイリスク・ハイリターンの分野に分け入った。リチャード・ブランソンも、若者のアンメットニーズを満たす事業を次々と立ち上げ、自らの肌感覚を研ぎ澄まして事業固有の成功要因を解明していった。

　松下幸之助は、選択に迷ったときには、必ずといっていいほど、むずかしいほうの道を選んできた。第4章2節（何が皆にとって正しいことか－松下幸之助の「道」）で紹介したように、東京の問屋から「23銭に負けたまえ」と言われた場面で、いったんはそれを受け入れようとしたものの、そうさせない何かが働いて、25銭という値を押し通している。ここでは23銭を受け入れるほうが楽であり、早く販路も立ち上がったはずだ。しかし、リスクを取ってあえてむずかしいほうの道を選んだことで、「信用」という大きなリターンを獲得している。松下が起業に取り組んだのは、電化の波が広がっていくチャンスの多い時代でもあった。これまでのような安定期においては、リスクは避けるべきものだったかもしれないが、いまのようなチャンスの多い時代には、「リスクは取るに値するもの」と考えたい。

■社外や海外に視野を広げる

　デジタル革命とは、バリューチェーンのスクラップ＆ビルドが価値をもたらす時代であることは前述のとおりだ。ということは、ひとつの会社の中に視野をとどめていては不十分で、バリューチェーンの上流から下流まで幅広く知見を広げていく必要がある。それは、経験を広げていくことが価値につながる時代になったともいえる。このため、川上や川下の業界に転職することが選択肢のひとつとして考えられるが、日本においては転職するにもそれなりのハードルがあることを覚悟しておく必要がある。

　日本の大企業にはこれまで終身雇用慣行があったため、ひとつの企業しか経験したことのない人が多い。企業の側でも、転職してきた人がすぐに活躍できるような環境が整えられていない。海外では業務プロセスやシステム、経理・人事などの諸制度が企業横断的に標準化されており、どこの企業に転職しても、同じような感覚で仕事ができる国が多い。これに対し、日本では、企業ごとに独創的な仕組みが根づいており、それをマスターするのに時間がかかるうえ、意思決定プロセスやコミュニケーションスタイルまでが異なり、

転職者が適応するのに苦労する。まさにガラパゴスなのだ。自分の経験をバリューチェーン上に広げていくうえでは、こうした負荷がかかってくるのだ。

　また、デジタル革命の時代においては、グローバル・エコシステムの役割が重要になっていくため、海外にも視野を広げる必要があるが、日本の中にいるとなかなか海外の情報が入ってこない。新聞を読んでいても、依然として工業化の時代を担ってきた企業に関するニュースが多く、デジタル革命の動向や、デジタル革命期のビジネスモデルの情報を得ることは容易ではない。ネット配信などを通じてIT関連のニュースを探しても、エンタメか新しいゲームに関する記事が多いので、ビジネスウィークなどの海外のメディアに目を通すことをすすめたい。

　アメリカではGAFAと呼ばれるプラットフォーマーの時価総額が700兆円を超え、わずか4社で日本市場全体の時価総額に匹敵する価値を生み出している。中国でもテンセントの時価総額が60兆円を超え、アリババも45兆円と、トヨタの35兆円を大きく上回っている。これに対して国内の時価総額ランキングを見ると、トップのトヨタに続くのは、電話会社やメガバンクなどの公共企業が依然として多い。ソニーや任天堂といったゲーム・コンテンツ関連の企業や、ソフトバンクグループのような投資会社の健闘も目を引くが、アメリカや中国と違い、巨大プラットフォーマーの姿は見当たらない。つまり、日本ではまだデジタル革命が起こっていないのだ。もちろん、GAFAのサービスは国内にいても目に入ってくるが、彼らの経営に関する動きは、日本にいるとさっぱり見えてこない。

　年号が平成から令和に変わるときに、日本のメディアでは「平成という時代は、その名のとおり起伏の少ない時代でした」といった解説が行われていた。しかし、これをアメリカや中国、アジアの人たちが聞いたら、おそらく仰天していただろう。平成の30年間は、日本の外に目を向けると、ベルリンの壁崩壊を機に始まったグローバル化と、インターネットの普及が引き起こしたデジタル革命が、爆発的な価値を生み出した時代なのだ。世界の見え方は、国の内と外とでは、天動説と地動説ほどに違っている。もはや日本は「世界第2位の経済大国」ではない。このため、これからは軸足を世界において日本を見つめることが必要なのだ。

■勇気を持つこと、ぶれない軸を持つこと

デジタル革命のような変革期においては、リスクをおそれず挑戦することに加え、ステークホルダーを束ねていく過程で、時には他者から嫌われることをいとわず強いリーダーシップを発揮することが求められる。そうしたストレスフルな環境の中で、易きに流されて、嘘をついたり、ごまかしをしてしまうと、その記録は一生残る。このため、自分の至らなかったところを素直に認めることも重要である。

厳しい状況に遭遇したときに、自分はどう行動すべきなのか、何が正しいことなのかを考える力、本能的に逃げたりごまかしたくなる瞬間に、それを乗り越える意志の強さ、それが「勇気」である。勇気とは、困難に直面しても屈しないことをいう。

そこで拠り所になるのが、自分の軸を持つことである。本当にこのリスクを取っていいのかどうかを判断する場面、自分より立場の強いステークホルダーを説得し相手の考えを変えてもらわなければならない場面、自分の能力不足や努力不足を認めなければならない場面。そうした局面で自分の軸を持てるかどうかが試される。「上司からこう言われたから」「○○教授がこう言っているから」と、権威ある人の軸に頼るのは簡単だ。しかし、そこで楽をした分、本当に困難な局面で他人の立てた軸が折れてしまうと、もはや逃げ出すしかなくなる。そうならないためには、自分の軸を見出す訓練が不可欠だ。

自分なりの考え方の軸を持つためには、物事を原理にさかのぼって考える必要がある。本書の中でも、優れた創業者は価値が生まれるメカニズムを自ら把握し、シミュレーションできる力を身につけていることは、繰り返し述べてきた。原理やメカニズムがわかっていれば、他人の判断に頼ることなく、自分で結論を導くことができる。また、想定外の状況に直面しても、原理やメカニズムが見えていれば、そこから再度シミュレーションのやり直しや軌道修正が可能だ。自分に至らないところがあったときにも、どこに問題があったのかを特定し、取るべき責任を自分で判断できる。

物事の原理やメカニズムを解明し、自分でシミュレーションする力、それは、先行きが不透明な環境の中で、困難に屈しないために必要とされ、試行錯誤により身につけていくしかない。これまでのような、知識や情報を集め、

権威ある人の考え方を学ぶだけでは、習得はできない。

■原理にさかのぼって考える

　最後に、物事を原理にさかのぼって考えるとはどういうことなのか。この点についてイメージを鮮明にしておきたい。たとえば、製品設計や生産プロセスを変えることがQCDにどのような影響を与えるのかをシミュレーションしようとすると、その事業に関連する自然科学の原理（物理学、化学、生物学など）の概要を理解しておく必要がある。また、それがコスト構造にどのような影響を及ぼすのかをシミュレーションするには、関連するさまざまな原材料や部材、設備、サービスの価格について相場観を持つとともに、原価計算に関する理解が求めらる。

　データの活用を考えるのであれば、どのようなインプットを取ってどのようなアウトプットを出すのか、モデリングを考えるために統計学やディープラーニングについて概要を理解しておく必要があるだろう。もちろん、プログラミングまでできる必要はない。何が価値につながるのかをイメージできるだけの理解があればいいのだ。また、情報通信技術の全体像を把握しておく必要もあるだろう。たとえば、カメラ動画をクラウド上のAIで解析して自動車・産業機械・家電などをスマート化するビジネスを考える場合、動画の全データ量を通信回線を通じてクラウドに上げ、記録しようとすると、膨大な通信とストレージの容量を食うことになる。それを避けるためには、機器の側でエッジ処理をするためのデバイスやソフトウェアを用意しておかなければならない。ハードウェア、デバイス、ソフトウェアの各階層をどのようにデザインするのかによって、コスト構造も競争優位性になるものも大きく変わってくる。そうしたことをシミュレーションするには、情報通信技術の全体像がわかっていなければできない。

　あるいは、自社の製品やサービスが顧客企業にどのような価値をもたらすのかをシミュレーションするには、顧客の製品設計やコスト構造、顧客の中のプロセスに関する知見が求められる。こうした知見を得るためには、顧客が関心を持ちそうな仮説をぶつけて反応を見たり、顧客の中のプロセスを観察できる機会を探したり、顧客の業界に転職することなどが必要になるだろう。また、それがどのぐらいの売上ポテンシャルにつながるのかを導き出す

には、市場の構造や規模を知る必要がある。そうした活動がどのぐらいの投資に対するリターンにつながるのかのシミュレーションに不可欠なのが、会計・財務に関する知識である。

　もちろん、ここにあげたような原理やメカニズムを最初から一人で理解することは容易ではない。ただ、おぼろげながらも価値が生まれるメカニズムのアウトラインを視野に入れることができれば、だれにどのような質問をすれば必要な情報が得られるのかを特定することができるようになる。そして、さまざまな人の知見を吸収しながら自分に見えていなかった領域が次第に明らかになっていき、事業価値のシミュレーションモデルが頭の中に形成されていく。そのモデルを使って試行錯誤を重ねる中から、ゆるぎない軸が見えてきたときに、デジタル革命を生き抜く力を得たといえるのだ。

参考文献

『アメーバ経営－ひとりひとりの社員が主役』（稲盛和夫、日経ビジネス人文庫、2010年）
『イーロン・マスク－未来を創る男』（アシュリー・バンス、講談社、2015年）
『一勝九敗』（柳井正、新潮文庫、2006年）
『井深大－自由闊達にして愉快なる』（井深大、日経ビジネス人文庫、2012年）
『インテルの戦略－企業変貌を実現した戦略形成プロセス』（ロバート・A・バーゲルマン、ダイヤモンド社、2006年）
『ヴァージン－僕は世界を変えていく』（リチャード・ブランソン、阪急コミュニケーションズ、2003年）
『巨象も踊る』（ルイス・ガースナー、日本経済新聞出版、2002年）
『グーグル ネット覇者の真実－追われる立場から追う立場へ』（スティーブン・レヴィ、阪急コミュニケーションズ、2011年）
『坂の上の雲』（司馬遼太郎、文芸春秋、1969年）
『ざっくばらん』（本田宗一郎、PHP研究所、2008年）
『ザ・ディマンド－爆発的ヒットを生む需要創出術』（エイドリアン・J・スライウォッキーほか、日本経済新聞出版、2012年）
『サムスンの決定はなぜ世界一速いのか』（吉川良三、角川書店、2011年）
『GE帝国盛衰史－「最強企業」だった組織はどこで間違えたのか』（トーマス・グリタほか、ダイヤモンド社、2022年）
『ジェフ・ベゾス 果てなき野望－アマゾンを創った無敵の奇才経営者』（ブラッド・ストーン、日経BP、2014年）
『スティーブ・ジョブズ－The Exclusive Biography』（ウォルター・アイザックソン、講談社、2011年）
『成功は一日で捨て去れ』（柳井正、新潮文庫、2012年）
『生命知能と人工知能－AI時代の脳の使い方・育て方』（高橋宏知、講談社、2022年）
『ソニー再生－変革を成し遂げた「異端のリーダーシップ」』（平井一夫、日経BP、2021年）
「インタビュー カリスマ型からパーパス型のリーダーシップへ ソニーは、誰のために、何のために存在するのか」『DIAMOND ハーバード・ビジネス・レビュー』（2020年7月号、吉田憲一郎、ダイヤモンド社）
『孫正義の参謀－ソフトバンク社長室長3000日』（嶋聡、東洋経済新報社、2015年）
『孫正義 リーダーのための意思決定の極意』（孫正義、光文社新書、2011年）
『How Google Works－私たちの働き方とマネジメント』（エリック・シュミットほか、日本経済新聞出版、2014年）
『人を活かす経営』（松下幸之助、PHP研究所、1979年）
『道をひらく』（松下幸之助、PHP研究所、1968年）
『リーン・スタートアップ－ムダのない起業プロセスでイノベーションを生みだす』（エリック・リース、日経BP、2012年）
『倫理の死角－なぜ人と企業は判断を誤るのか』（マックス・H・ベイザーマンほか、NTT

出版、2013年)

'A City Tailor-Made for Self-Driving Cars? Toyota is Building One', ("Bloomberg Businessweek", April 27, 2021)

"Building High-Tech Clusters", (Timothy F. Bresnahan, Alfonso Gambardella, Cambridge University Press, 2004)

"Staying Power", (Michael A. Cusumano, Oxford University Press, 2010)

"The Google Guys", (Richard L. Brandt, Portfolio, 2011)

高野研一（たかの・けんいち）
日本の大手銀行でファンドマネジャー、組合書記長などを経験した後に
コンサルタントに転身。マーサージャパン取締役、ヘイ コンサルティ
ング グループ日本代表などを経て2019年よりコーン・フェリー・ジャ
パン会長。現在、同社シニアアドバイザー。
神戸大学経済学部卒業、ロンドン・スクール・オブ・エコノミクス（MSc）
修了、シカゴ大学ビジネススクール（MBA）修了。
著書『カリスマ経営者の名著を読む』『超ロジカル思考』ほか。

［経営人材育成講座］

ＤＸ時代のビジネスリーダー
創業者・起業家の発想法に学ぶ

著者◆
高野 研一

発行◆2023年5月20日 第1刷

発行者◆
大下 正

発行所◆
経団連出版

〒100-8187 東京都千代田区大手町1-3-2
経団連事業サービス
電話◆［編集］03-6741-0045 ［販売］03-6741-0043

印刷所◆平河工業社